Reihe *leicht gemacht* ®

Herausgeber:
Prof. Dr. Hans-Dieter Schwind, Hochschullehrer
Dr. jur. Dr. jur h.c. Helwig Hassenpflug
Dr. jur. Peter-Helge Hauptmann, Richter am AG

Steuerrecht

leicht gemacht

Eine Einführung nicht nur für Studierende an
Hochschulen, Fachhochschulen und Berufsakademien

3., überarbeitete Auflage

W0196069

von

Dr. Stephan Kudert

Professor an der Europa-Universität Viadrina

Ewald von Kleist Verlag, Berlin

Umwelthinweis:
Dieses Buch wurde auf chlorfrei gebleichtem Papier gedruckt.

Ewald v. Kleist Verlag
ISBN 3-87440-232-0
978-3-87440-232-3
www.kleist-verlag.de
© 2007 Ewald v. Kleist Verlag
Gestaltung: www.ramminger.de; Michael Haas ComputerSatz, Berlin
Druck & Verarbeitung: Druck und Service GmbH, Neubrandenburg
Gedruckt in Deutschland
leicht gemacht® und von Kleist® sind eingetragene Warenzeichen

Inhaltsübersicht

Leitsatz- und Übersichtsverzeichnis

Inhaltsverzeichnis

III. Die Körperschaftsteuer

IV. Die Gewerbesteuer

V.   Sonderfragen der Ertragsteuern

VI.   Umsatzsteuer

I.   Grundlagen

Lektion 1: Für die Besteuerung relevante Institutionen und Normen

1 Steuern sind Opfer der Bürger

Steuern sind wohl so alt wie die Menschheit selbst. Sie waren Anlässe für Kriege und Revolutionen, wurden und werden mit großer Kreativität ersonnen; genannt seien etwa die russische Bartsteuer, die französische Tür- und Fenstersteuer oder die deutsche Biersteuer. Was Steuern sind, wird in § 3 Abgabenordnung (AO) explizit definiert. Lesen Sie bitte diesen Paragrafen, ebenso wie alle später angeführten, im Originalwortlaut nach.

Fall 1
Die Gemeinde FF befestigt im Neubaugebiet Rosengarten die Straße. Sie erhebt hierfür von den Anliegern ein einmaliges Entgelt. Ist dies eine Steuer?

Bitte machen Sie es sich zur Gewohnheit, den Tatbestand der einschlägigen Norm Schritt für Schritt durchzuprüfen. In Fall 1 liegt zwar eine Geldleistung vor, die Eigenheimbesitzer haben aber das Recht, dafür eine Gegenleistung in Anspruch zu nehmen. Deshalb ist der Tatbestand einer Steuer nicht erfüllt. Es liegt vielmehr ein Beitrag (wegen der Möglichkeit der Inanspruchnahme einer Gegenleistung) vor, da die Abgabe unabhängig davon erhoben wird, ob ein Anlieger die Straße auch tatsächlich nutzt. Ist das Entgelt nur bei konkreter Inanspruchnahme einer Gegenleistung zu zahlen (z.B. für die Verlängerung des Personalausweises), spricht man von einer Gebühr. Denken Sie also daran: Steuern sind Opfer der Bürger!

2 Beteiligte Institutionen und ihre Aufgaben

Das Steuerrecht ist Teil des öffentlichen Rechts. Im Besteuerungsverfahren stehen sich zunächst der Gesetzgeber und der Steuerpflichtige, der in § 33 Abs. 1 AO definiert ist, mit unterschiedlichen Interessen gegenüber. Da der Gesetzgeber=(die Legislative) zwar Steuergesetze erlassen, die

Steuern dann aber nicht selbst eintreiben kann, bedient sich der Staat der **Finanzverwaltung** (die Exekutive), auch liebevoll **Fiskus** genannt, damit diese die Steuern erhebt und verwaltet. Da in der Finanzverwaltung regelmäßig Steuerfachleute arbeiten, besteht zwischen ihr und dem Steuerpflichtigen auf „der anderen Seite" eine Waffenungleichheit (Kompetenzasymmetrie). Um die Waffengleichheit herzustellen, kann er sich ebenfalls einen Koalitionär, den **Steuerberater**, suchen. Wenn sich der Steuerpflichtige oder sein Steuerberater in Rechtsstreitigkeiten nicht mit der Finanzverwaltung einigen können, benötigen sie einen Schiedsrichter. Diese Funktion übernimmt die unabhängige **Finanzgerichtsbarkeit** (Judikative). Sie wird in zwei (!) Instanzen tätig; den Finanzgerichten (FG) auf Länderebene und dem Bundesfinanzhof (BFH).

2.1 Steuergesetze

Der Gesetzgeber erlässt die Steuergesetze. § 4 AO führt dazu wenig erhellend aus: „Gesetz ist jede Rechtsnorm." Bei etwas genauerer Betrachtung gibt es eine Reihe von verschiedenen Gesetzesgruppen, die einer hierarchischen Struktur unterliegen.

▶ Das Grundgesetz enthält Steuerrechtsnormen

Das höchste deutsche Steuergesetz ist das Grundgesetz (GG). Diese zunächst erstaunliche Aussage basiert auf zwei Gründen. Zum einen darf ein deutsches Gesetz nicht gegen die Wertungen des GG (z.B. Gleichbehandlungsgrundsatz nach Art. 3 GG oder Schutz von Ehe und Familie nach Art. 6 GG) verstoßen. Deshalb muss das Bundesverfassungsgericht (BVerfG) gelegentlich auch Entscheidungen in Steuersachen treffen. In der jüngeren deutschen Steuergeschichte gab es z.B. die Vermögensteuer zu der das BVerfG feststellte, dass sie in der damals geltenden Fassung nicht verfassungskonform war. Daher wird sie nicht mehr erhoben. Zum anderen enthält das GG auch selbst, z.B. in Art. 104a ff. GG, steuerliche Regelungen.

▶ Völkerrechtliche Verträge sind Steuerrechtsnormen

Gemäß § 2 AO gehen völkerrechtliche Verträge, z.B. die Abkommen zur Vermeidung der Doppelbesteuerung (kurz DBA), dem einzelstaatlichen Recht vor, sofern sie nicht gegen das Grundgesetz verstoßen. Nach der Lektüre von Lektion 12 werden Sie den Grund verstehen. Gedulden Sie sich also bitte noch.

Eine Besonderheit völkerrechtlicher Verträge sind EG-Richtlinien. Sie bewirken keine direkten Pflichten für die Bürger eines EU-Staates, sondern regeln nur zwischenstaatliche Beziehungen. D.h., die Bundesrepublik Deutschland kann durch EG-Richtlinien zu einem bestimmten Handeln verpflichtet werden, nicht aber deren Bürger. Damit sie Wirkung für die Steuerpflichtigen entfalten, müssen die Richtlinien erst in nationales Recht „transformiert" werden. So wurde etwa die bis Ende 2006 gültige Sechste EG-Richtline durch die Umsetzung in das heute geltende Umsatzsteuergesetz ein formelles Steuergesetz. Setzt ein Staat aber die Richtlinie nicht, unvollständig oder falsch in nationales Recht um, können sich die Bürger auf sie berufen.

▶ Allgemeine und besondere Steuergesetze sind Steuerrechtsnormen

Die besonderen Steuergesetze betreffen Steuerarten. Wie die Namen vermuten lassen, behandelt z.B. das Einkommensteuergesetz (mit einem s in der Mitte!) die Einkommensteuer und das Umsatzsteuergesetz die Umsatzsteuer. Man unterscheidet hierbei formelle Steuergesetze und Rechtsverordnungen.

Formelle Gesetze sind Rechtsnormen, die in einem förmlichen Gesetzgebungsverfahren zustande kommen, ordnungsmäßig ausgefertigt und in entsprechenden amtlichen Blättern verkündet werden. Dieses Verfahren findet auf die in Deutschland gültigen Steuergesetze Anwendung. Rechtsverordnungen dagegen sind Rechtsnormen, die nicht in einem förmlichen Gesetzgebungsverfahren zustande kommen, sondern direkt von der Exekutive (für das Steuerrecht: Bundesregierung, Bundesfinanzminister) aufgrund einer gesetzlichen Ermächtigung (vgl. Art. 80 GG) erlassen werden. Da hier – aus Vereinfachungsgründen – eine Durchbrechung der Gewaltenteilung vorliegt, dürfen Rechtsverordnungen nur für einen durch die gesetzliche Ermächtigung (prüfen Sie z.B. § 51 EStG) genau definierten Bereich erlassen werden. Die insbesondere zu den größeren Steuergesetzen ergangenen Durchführungsverordnungen, wie EStDV, KStDV, GewStDV, UStDV gehören zu den Rechtsverordnungen und besitzen Gesetzescharakter.

Daneben gibt es auch Steuergesetze, die keine konkrete Steuerart betreffen (allgemeine Steuergesetze). Hier sind insbesondere die Ihnen bereits bekannte Abgabenordnung (AO) und die Finanzgerichtsordnung (FGO) zu nennen. Sie haben übergeordnete Funktionen. Die FGO enthält die Finanzgerichtsverfassung, das finanzgerichtliche Verfahrensrecht und regelt die Gerichtskosten und Vollstreckung. Die AO ist sehr viel umfassender. Sie besteht aus neun Teilen. Der erste Teil enthält z.B. Definitionen (§§ 3 und 4 AO wurden bereits genannt), Zuständigkeiten der Finanzbehörden und Ausführungen zum Steuergeheimnis. Sehen Sie sich bitte die Gliederung der AO zwei bis drei Minuten an.

▶   Autonome Satzungen enthalten Steuerrechtsnormen

Autonome Satzungen können von bestimmten Körperschaften des öffentlichen Rechts erlassen werden. Steuerlich sind hier die Gemeindesatzungen von Bedeutung. Bestandteile autonomer Satzungen sind z.B. die von einer Gemeinde individuell festgelegten Hebesätze der Gewerbesteuer und Grundsteuer. Durch die Hebesätze können die Gemeinden die Höhe dieser (ihnen zustehenden) Steuern mitbestimmen. In Lektion 9 werden die Gewerbesteuerhebesätze behandelt.

Übersicht 1: Der Vorrang von Rechtsnormen		
Rechtsnorm	Rechtsvorrang	Beispiele
Grundgesetz	↑	GG
Völkerrechtliche Verträge		DBA Deutschland/Polen
Besondere Steuergesetze		EStG, EStDV
Allgemeine Steuergesetze		AO, FGO
Autonome Satzungen		Gemeindesatzung über den GewSt-Hebesatz

2.2 Verlautbarungen der Finanzverwaltung

Neben den genannten Rechtsnormen gibt es eine Vielzahl von Verlautbarungen der Finanzverwaltung. In der praktischen Anwendung erlässt die Bundesregierung Richtlinien (z.B. die Einkommensteuerrichtlinien EStR) und offenbaren sich die Minister in Erlassen (z.B. Leasingerlasse) und Schreiben (z.B. BMF-Schreiben). Die Oberfinanzdirektionen erlassen Verfügungen (OFD-Verfügungen). Da mehrere Bundesländer von der Möglichkeit Gebrauch gemacht haben, ihre OFD aufzulösen, wundern Sie sich nicht, wenn es in Ihrem Bundesland keine OFD mehr gibt. Zahlreiche Verlautbarungen der Finanzverwaltung werden (wie die Steuergesetze) laufend im Bundessteuerblatt Teil I (BStBl. I) veröffentlicht.

> Die EStR und die KStR werden – wenig überzeugend – mit H (= Hinweis) oder R (= Richtlinie) zitiert; z.B. H 15.6 EStR. Bei allen anderen Richtlinien (z.B.GewStR, UStR) ist es bei der alten Zitierweise mit A (= Abschnitt) geblieben; z.B. A 20 UStR.

Die Verwaltungsvorschriften haben aus juristischer Sicht nur eine Innenwirkung und keinerlei Gesetzescharakter. Sie binden die Finanzverwaltung (und nur diese!), damit eine einheitliche Rechtsanwendung gewährleistet ist. So wird etwa in den legendären AfA-Tabellen für alle denkbaren Wirtschaftsgüter die gewöhnliche Nutzungsdauer festgelegt.

Auch wenn die Verlautbarungen der Finanzverwaltung keine Rechtsnormen sind, sollte der Steuerpflichtige sie zur Kenntnis nehmen, weil er zum einen damit die Argumentationslinie der Finanzverwaltung kennt, zum anderen stützen sich die Richtlinien der Finanzverwaltung oftmals auf die ständige Rechtsprechung. Hält der Steuerpflichtige sich an diese Vorgaben, dann ist das Finanzamt regelmäßig sein Freund. Der Steuerpflichtige ist jedoch nicht an die Steuerrichtlinien gebunden. Er kann versuchen, Abweichungen in seinem konkreten Einzelfall durch plausible und stichhaltige Begründungen durchzusetzen.

2.3 Außergerichtliche und gerichtliche Rechtsbehelfsverfahren

 Fall 2

X erhält einen Einkommensteuerbescheid. Er stellt fest, dass darin die Steuer zu hoch ausgewiesen ist, weil das Finanzamt die Abschreibung seines PC über zwei Jahre nicht als Betriebsausgabe akzeptiert, sondern die Abschreibung nur in Höhe der auf drei Jahre verteilten Beträge berücksichtigt hat. Da er sich aber gerade auf seine sechswöchige Kreuzfahrt vorbereitet, will er sich erst nach dem Urlaub damit belasten. Was kann er tun?

X kann gegen den Steuerbescheid (ein Verwaltungsakt i.S.v. § 118 AO) Einspruch nach § 347 AO beim Finanzamt einlegen. Hierbei handelt es sich um einen außergerichtlichen Rechtsbehelf (§§ 347 ff. AO). Vereinfacht ausgedrückt bedeutet dieses Verfahren, dass sich die Beteiligten einigen können, ohne ein Gericht einzuschalten. Die Einspruchsfrist beträgt einen Monat nach Bekanntgabe (§ 122 i.V.m. 108 AO) des Verwaltungsaktes (§ 355 Abs. 1 AO). X sollte also vor seiner Kreuzfahrt noch aktiv werden.

▬▬ Fall 3:

X ruft beim Finanzamt an und lässt seinem Unmut freien Lauf. Er erklärt auch, dass er nach dem Urlaub eine schriftliche Version nachreichen wird.

Dies wird die Sachbearbeiterin beim Finanzamt nicht wirklich zufriedenstellen. Er muss den Einspruch gemäß § 357 AO schriftlich einreichen oder explizit zur Niederschrift erklären.

▬▬ Fall 4

Also formuliert X schnell noch einen begründeten schriftlichen Einspruch und sendet ihn rechtzeitig an das zuständige Finanzamt. Als er aus dem Urlaub zurückkehrt, stellt er jedoch fest, dass das Finanzamt dennoch die zu hohe Steuer von seinem Konto abgebucht hat. Was ist nun falsch gelaufen?

X hat einen weiteren Fehler gemacht. Der Einspruch hemmt nicht die Vollziehung des Verwaltungsaktes (§ 361 Abs. 1 AO). Übersetzt bedeutet dies, dass das Finanzamt zunächst die Steuer einkassiert und dann prüft, ob diese überhaupt rechtmäßig war. X muss, wenn er die Abbuchung verhindern will, neben dem Einspruch auch einen Antrag auf Aussetzung und Aufhebung der Vollziehung stellen. Die Finanzbehörde kann (!) dann die Vollziehung aussetzen; sie soll (!) dem Antrag stattgeben, wenn ernsthafte Zweifel an der Rechtmäßigkeit des Steuerbescheids bestehen oder wenn die Steuererhebung unbillig wäre (§ 361 Abs. 2 AO).

> Im außergerichtlichen Rechtsbehelfsverfahren erhebt man gegen einen Steuerbescheid (fristgerecht) beim zuständigen Finanzamt einen schriftlichen (§ 357 Abs. 1 AO) Einspruch nach § 347 AO und beantragt ggf. zusätzlich Aussetzung und Aufhebung der Vollziehung gemäß § 361 AO.

Während in anderen Gerichtsbarkeiten drei Instanzen normal sind, besteht, wie Sie inzwischen wissen, in der Finanzgerichtsbarkeit der gerichtliche Rechtsbehelfsweg nur aus zwei Zügen. Dafür ist, bevor der Gerichtsweg beschritten wird, als außergerichtlicher Rechtsbehelf der eben behandelte Einspruch beim Finanzamt möglich.

Fall 5

Der Einspruch des X wird vom Finanzamt abgelehnt. Die Abschreibungsdauer des PC bleibt auf drei Jahre festgesetzt. X tobt und schreibt sofort einen Einspruch gegen die Ablehnung des Einspruchs. Ist dies hilfreich?

Diese Arbeit kann er sich sparen. Ist eine Entscheidung über den Einspruch gefallen (§ 367 AO), so ist ein Einspruch gegen die Einspruchsentscheidung ausgeschlossen (§ 348 Nr. 1 AO). Es hätte auch wenig Sinn, mit der Finanzverwaltung weiter zu verhandeln. Nun kann man nur noch aufgeben oder den bereits erwähnten unabhängigen Schiedsrichter, also Finanzgericht, anrufen. In § 1 FGO wird explizit darauf hingewiesen, dass die Finanzgerichtsbarkeit durch unabhängige, von den Verwaltungsbehörden getrennte, besondere Verwaltungsgerichte ausgeübt wird. Aber das wussten Sie ja bereits. Auch der Inhalt von § 2 FGO sollte Ihnen nicht neu sein: Gerichte der Finanzgerichtsbarkeit sind die FG in den Ländern sowie im Bund der BFH mit Sitz in München.

X kann gegen den Verwaltungsakt beim FG seines Bundeslandes klagen. Der Unterlegene kann nach Zustellung des FG-Urteils innerhalb eines Monats beim BFH Revision einlegen (§ 120 Abs. 1 FGO), wenn das FG die Revision zugelassen hat oder der BFH selbst aufgrund einer Nichtzulassungsbeschwerde (§ 115 Abs. 1 FGO). In § 115 Abs. 2 FGO sind weitere Voraussetzungen genannt. Der BFH entscheidet dann über die Revision. Sie kann nach § 126 FGO unzulässig sein; dann verwirft sie der BFH durch Beschluss. Sie kann unbegründet sein; dann weist der BFH sie zurück. Und sie kann begründet sein; dann entscheidet der BFH über sie oder weist die Sache zur anderweitigen Verhandlung und Entscheidung an das FG zurück (z.B. wenn die Sachverhaltsaufklärung des FG nicht hinreichend war).

Im Falle des X weiß der Vorsitzende Richter übrigens, ob die Nutzungsdauer des PC mit zwei oder drei Jahren anzunehmen ist. Seit der außergerichtlichen Auseinandersetzung sind nämlich wahrscheinlich mehrere Jahre vergangen. Er braucht X nur nach dem Anschaffungsdatum des neuen Computers zu fragen. Wenn er tatsächlich nach zwei Jahren eine Ersatzinvestition getätigt hat, wird die Verhandlungsposition des Vertreters der Finanzverwaltung ungünstig sein. Im anderen Fall sollte X die Klage zurücknehmen.

Urteile der FG und des BFH sind grundsätzlich kasuistisch, d.h. sie betreffen nur den zu entscheidenden Einzelfall (§ 110 FGO). Dennoch werden sie in der Praxis zur Kenntnis genommen, da der allgemeine Urteilstenor Anhaltspunkte für gleich oder ähnlich gelagerte Fälle gibt (die so genannte ständige Rechtsprechung). Üblicherweise orientiert sich die Finanzverwaltung auch an den Urteilen des BFH. Ist jedoch die Finanzverwaltung aus inhaltlichen Gründen (und nicht bloß aus Fiskalinteressen) mit einem Urteil nicht einverstanden, dann kann sie einen so genannten Nichtanwendungserlass herausgeben. Damit wird angeordnet, das jeweilige Urteil nicht über den entschiedenen Einzelfall hinaus anzuwenden.

Die wichtigsten BFH-Urteile werden laufend im Bundessteuerblatt Teil II veröffentlicht und sind vollständig wie folgt zu zitieren: BFH-Urteil vom 30.3.2222, VII R 08/15, BStBl. II 2222, S. 222–225

Dabei gibt die römische Zahl den zuständigen Senat an, das R bedeutet schlicht Revision, es folgt die laufende Nummer der Akte (08) und das Jahr ihrer Anlage (hier: das Jahr 2215). Der zitierte Fall war also sieben Jahre beim BFH anhängig. Er ist im BStBl. II des Jahres 2222 veröffentlicht.

FG-Urteile finden Sie u. a. in der Zeitschrift Entscheidungen der Finanzgerichte (EFG) und in Fachzeitschriften. EuGH-Urteile finden sich in der Sammlung der Rechtsprechung des Gerichtshofes und des Gerichts erster Instanz der Europäischen Gemeinschaften (SLG).

BFH-Urteile folgen immer dem gleichen Aufbau, der durch § 105 Abs. 2 FGO vorgegeben ist. Sie beginnen mit einem so genannten Leitsatz, aus dem der kundige Leser erkennt, worum es beim Rechtsstreit ging und wie die Entscheidung ausfiel. Anschließend wird der zu beurteilende Sachverhalt bzw. der Tatbestand geschildert und die Entscheidung begründet.

Nach § 10 Abs. 2 FGO sind beim BFH Senate zu bilden, die i.d.R. aus fünf Richtern bestehen, von denen einer der Vorsitzende Richter ist. Im BStBl. II wird der Geschäftsverteilungsplan des BFH veröffentlicht, aus dem sich ergibt, welcher Senat mit welchen Richtern besetzt und für welche Rechtsgebiete er zuständig ist; vgl. für das Jahr 2007: www.bundesfinanzhof.de: Geschäftsverteilung (Stand: 7.7.2007). Daneben wird ein Großer Senat (GrS) gebildet (§ 11 FGO), der nur in Ausnahmefällen zusammentritt und entscheidet. Dies ist zum einen der Fall, wenn ein Senat von der bisherigen Rechtsprechung eines anderen abweichen und der andere Senat an der bisherigen Rechtsauffassung festhalten will (§ 11 Abs. 2 und 3 FGO). Zum anderen kann ein Senat auch Fragen von grundsätzlicher Bedeutung, die er nicht alleine entscheiden möchte, dem Großen Senat zur Entscheidung vorlegen (§ 11 Abs. 4 FGO). Der Große Senat besteht aus dem BFH-Präsidenten und je einem Richter der übrigen Senate (§ 11 Abs. 5 FGO).

Wenn Sie eine BFH-Entscheidung sehen, bei der das Aktenzeichen das Kürzel **GrS** enthält, handelt es sich i.d.R. um eine bedeutsame Entscheidung.

Wer übrigens der irrigen Meinung anhängt, dass Urteile der Finanzgerichtsbarkeit trockener Stoff seien, sollte unbedingt das ganz kurze Aktentaschenurteil des FG Berlin lesen.

Urteil des FG Berlin vom 2.6.1978 III 126/77 rk., EFG 1979, S. 225 – 226

Hier setzte sich das Gericht mit einer kaum zu überbietenden Eloquenz mit der Frage auseinander, ob die Ausgaben für die Aktentasche eines Betriebsprüfers (!) als Werbungskosten steuerlich abzugsfähig sind, obwohl man darin Frühstücksstullen, theoretisch aber auch Badesachen transportieren könnte. Gönnen Sie sich den Genuss, sich dieses Urteil aus einer Bibliothek zu beschaffen und im Original zu lesen. Wenn Sie dort sind, können Sie auch einen Blick auf die verfügbaren Steuerfachzeitschriften und Datenbanken (z.B. juris) werfen. Bei dieser Gelegenheit können Sie sich auch die im Quellenverzeichnis aufgeführten 11 Urteile, den Erlass und das DBA kopieren, da sie in den folgenden Lektionen angesprochen und hoffentlich von Ihnen gelesen werden.

2.4 Exkurs: Auslegungsgrundsätze

Die Rechtsprechung bedient sich bei der Auslegung gesetzlicher Normen der so genannten Auslegungsgrundsätze. Sie werden nicht alternativ, sondern kumulativ angewendet.

▶ Die teleologische Auslegung interpretiert eine Norm nach ihrem Sinn und Zweck.
▶ Die grammatikalische Auslegung interpretiert eine Norm nach ihrem Wortlaut.
▶ Die systematische Auslegung interpretiert eine Norm nach ihrer Stellung im System bzw. Kontext des Gesetzes oder anderer Normen.
▶ Die historische Auslegung interpretiert eine Norm nach ihrer Entstehungsgeschichte und den damals (z.B. in Bundestagsdrucksachen; kurz: BT-Drucks.) artikulierten Zielen.

Grammatikalische, systematische und historische Auslegung kann man als Varianten der teleologischen Auslegung ansehen, denn auch diese Auslegungsgrundsätze haben letztlich die Aufgabe, mittels eines speziellen Ansatzes, den Sinn und Zweck einer Norm festzustellen. Dafür spricht, dass die Auslegung eines Gesetzes entgegen seinem Sinn und Zweck nicht gerechtfertigt werden kann. Sie werden in den folgenden Lektionen Anwendungsbeispiele für diese Auslegungsgrundsätze kennen lernen.

Gelegentlich drängt sich einem Steuerpflichtigen der Gedanke auf, dass Normen bewusst unklar formuliert wurden. Ein klassisches Beispiel für diese Annahme stellt § 42 AO dar. Die etwas nebulöse Formulierung, dass Steuergesetze durch den Missbrauch von Gestaltungsmöglichkeiten des Rechts (ein so genannter **unbestimmter Rechtsbegriff**) nicht umgangen werden können, führte zu einer Vielzahl von Verfahren vor dem BFH, deren Ausgang oft nur schwer zu prognostizieren war. § 42 AO dient dazu, dass Steuerberater ihre Kreativität bei der Steuerlastgestaltung nicht übertreiben.

■ Fall 6

Ein Steuerberater erwarb seine betrieblich genutzte EDV-Anlage nicht selbst, sondern dessen minderjährige Tochter, die die Geräte dann an den Vater vermietete. Würden Sie diese Gestaltung steuerlich anerkennen? In diesem Fall hat der BFH (BFH-Urteil vom 17.1.1991, IV R 132/85, BStBl. II 1991, S. 607–610) § 42 AO als Notbremse gezogen und den Sachverhalt als Kauf der EDV-Anlage durch den Vater interpretiert. Damit wurde dem willkürlichen Verschieben von Einkünften zur Steuervermeidung ein Riegel vorgeschoben.

§ 42 AO steht übrigens in unmittelbarer Nachbarschaft zu anderen interessanten Vorschriften, die alle Ausfluss der im Steuerrecht geltenden wirtschaftlichen Betrachtungsweise sind. § 39 AO stellt klar, dass im Steuerrecht (wie im Handelsbilanzrecht durch § 246 HGB) das wirtschaftliche Eigentum das zivilrechtliche dominiert. § 40 AO ist Ausfluss des klassischen römischen Rechtssatzes pecunia non olet (Geld stinkt nicht; entstanden im Zusammenhang mit einer Urinalsteuer). Er stellt z.B. sicher, dass auch Gewinne aus illegalen oder sittenwidrigen Geschäften zu versteuern sind. Gleiches gilt für unwirksame Rechtsgeschäfte (§ 41 Abs. 1 AO). § 41 Abs. 2 AO weist ergänzend darauf hin, dass Scheingeschäfte und Scheinhandlungen steuerlich unerheblich sind.

2.5 Berater und Vertreter des Steuerpflichtigen

Inzwischen sollte Ihnen klar geworden sein, dass der Steuerpflichtige bei ernsthaften steuerlichen Problemen oder gar Rechtsstreitigkeiten einen kundigen Berater benötigt. In Deutschland gehört der Steuerberater zu den geschützten Berufen. Die Einzelheiten sind im Steuerberatungsgesetz (StBerG) geregelt. Gemäß § 3 StBerG sind zur unbeschränkten Hilfeleistung in Steuersachen insbesondere Steuerberater, Wirtschaftsprüfer und Rechtsanwälte als Einzelpersonen oder in Gesellschaften befugt. Um den Beruf des Steuerberaters ausüben zu dürfen, ist, wenn die notwendigen Voraussetzungen des § 36 StBerG erfüllt sind, das Steuerberaterexamen vor der Finanzverwaltung abzulegen. Wirtschaftsprüfer (bitte die WP nicht mit Betriebsprüfern der Finanzverwaltung verwechseln!) müssen das Steuerberaterexamen nicht ablegen, da das WP-Examen bereits einen vergleichbaren Steuerteil enthält. In der Praxis legen viele Berufsträger erst das Steuerberaterexamen und später das WP-Examen ab, da ihnen dann im WP-Examen der Steuerteil erlassen wird. Rechtsanwälte dürfen zwar steuerberatend tätig sein, können es aber faktisch nicht immer, weil das Steuerrecht auch heute noch an vielen juristischen Fakultäten stiefmütterlich behandelt wird. Aus Gründen des Marketings legen daher gelegentlich auch Rechtsanwälte das Steuerberaterexamen ab, obwohl es wegen § 3 StBerG für sie eigentlich nicht erforderlich ist. Alternativ steht ihnen auch die (einfachere) Zusatzqualifikation zum Fachanwalt für Steuerrecht offen.

Eine kleine Steuerberatung ist den Lohnsteuerhilfevereinen nach § 4 Nr. 11 StBerG gestattet. Sie dürfen (i. d. R. preisgünstig) Arbeitnehmer, die neben dem Arbeitslohn nur geringfügig andere genau bezeichnete Einkünfte erzielen, beraten.

Leitsatz 1

!

Am Besteuerungsverfahren Beteiligte

Steuern sind Opfer, die Steuerpflichtige erbringen.
Der Gesetzgeber erlässt Steuerrechtsnormen. Die Finanzverwaltung erhebt und verwaltet die Steuern. Verlautbarungen der Finanzverwaltung, insbesondere Steuerrichtlinien, stellen für den Steuerpflichtigen keine bindenden Rechtsnormen dar. Sie bilden aber oftmals die Meinung der Rechtsprechung ab.
Zur unbeschränkten Steuerberatung befugt sind Steuerberater, Wirtschaftsprüfer und Rechtsanwälte.
Bei Rechtsstreitigkeiten zwischen den Beteiligten, die im außergerichtlichen Rechtsbehelfsverfahren (Einspruch) nicht beigelegt werden, wird die Finanzgerichtsbarkeit (FG und BFH) angerufen.

3 Systematisierung der Steuerarten

In Deutschland soll es insgesamt etwa 50 Steuerarten geben. In der Literatur finden sich hierfür zahlreiche Systematisierungskriterien. Keine der verschiedenen Systematisierungen ist richtig oder falsch; die Wahl des „richtigen" Kriteriums hängt vom Betrachter und seinen Zielen ab. Um Sie mit den einschlägigen Vokabeln vertraut zu machen, sollen im Folgenden verschiedene gebräuchliche Systematisierungen skizziert werden.

Aus juristischer Sicht können Steuern danach systematisiert werden, woran die Steuer knüpft. Danach ergibt sich folgende Einteilung:

▶ **Personensteuern** haben den Anknüpfungspunkt der (natürlichen oder juristischen) Rechtsperson. Personensteuern sind die Einkommensteuer (ESt) auf das Einkommen natürlicher Personen (Menschen) und die Körperschaftsteuer (KSt) auf das Einkommen juristischer Personen (im wesentlichen Kapitalgesellschaften).
▶ **Objektsteuern** knüpfen – unabhängig von Rechtspersonen – an bestimmte sachliche Steuerobjekte an. Objektsteuern sind die Gewerbesteuer (GewSt) auf den Gewerbeertrag eines Gewerbebetriebes und die Grundsteuer (GrSt) auf Grundvermögen.
▶ **Verkehr- und Verbrauchsteuern** knüpfen an Vorgänge des Rechtsverkehrs, vor allem Verträge, oder an den Verbrauch bzw. die Veräußerung von Gütern an. Die Unterscheidung zwischen Verkehr- und Verbrauchsteuern ist schwierig und strittig. Die materiell wichtigste Verkehr- und Verbrauchsteuer ist die Umsatzsteuer (USt), die oftmals fälschlich als Mehrwertsteuer bezeichnet wird. Weitere Verkehr- und Verbrauchsteuern sind z.B. die Grunderwerbsteuer (GrESt), die Mineralölsteuer, die KFZ-Steuer und die Biersteuer.

Ebenso ist eine Einteilung danach möglich, wer die Steuer erhält (Steuergläubiger). Danach unterteilt man in:

▶ **Gemeinschaftsteuern**, die Bund und Ländern gemeinsam zustehen. Dies sind insbesondere die ESt, KSt und USt.
▶ **Bundessteuern**, die dem Bund allein zustehen. Hier sind insbesondere die Mineralölsteuer sowie der Solidaritätszuschlag (SolZ oder liebevoll Soli) zu nennen.
▶ **Ländersteuern**, wie etwa die KFZ-Steuer und Biersteuer.
▶ **Gemeindesteuern**, die wesentliche Finanzierungsquellen der Kommunen darstellen. Dies sind vor allem die GewSt und GrSt, aber auch kommunale Aufwands- und Verbrauchsteuern. Daneben erhalten sie Anteile an der ESt und USt.

In der Betriebswirtschaftslehre lautet die übliche Einteilung für Unternehmensteuern:

▶ **Ertragsteuern** besteuern sowohl den Erfolg (Gewinn bzw. Verlust) eines Unternehmens als auch das Einkommen einer Person (Stromgrößen). Ertragsteuern sind die ESt, die KSt, die GewSt und der Soli.

▶ **Substanzsteuern** besteuern den Bestand (die Substanz) an bestimmten Produktionsfaktoren, unabhängig davon, ob ein Gewinn erwirtschaftet wurde. Beispiele sind die GrSt auf Betriebsgrundstücke und die KFZ-Steuer auf Betriebs-KFZ. Die ehemals wichtigsten Substanzsteuern, die Gewerbekapitalsteuer und die Vermögensteuer, sind abgeschafft worden oder werden nicht mehr erhoben.

▶ **Verkehr- und Verbrauchsteuern** setzen gewöhnlich an der Absatzseite des Unternehmens an. Beispielsweise unterliegt der Bierverkauf einer Brauerei der Biersteuer. Sämtliche abgesetzten Leistungen des Unternehmens unterliegen grundsätzlich der USt. Auf der Beschaffungsseite erhält dafür das Unternehmen die USt, die es an andere Unternehmen entrichtet hat (die so genannte Vorsteuer), vom Fiskus erstattet.

Die Erbschaft- und Schenkungsteuer (ErbSt) kann nicht eindeutig einer dieser drei Systematisierungen zugerechnet werden. Übrigens sei hier angemerkt, dass Erbschaft- und Schenkungsteuer identisch sind. Sie werden daher auch einheitlich in einem Gesetz (ErbStG) geregelt. Für den Schenkenden gibt es jedoch zwischen beiden einen existenziellen Unterschied. Sie sollten ihn auch ohne viel Phantasie selbst erraten. Die Höhe der ErbSt hängt vom Verwandtschaftsgrad und dem Wert des Erwerbs ab.

Die in der Praxis relevantesten, hinsichtlich ihres Aufkommens bedeutendsten und in der Wissenschaft am meisten behandelten Steuern sind die ESt, KSt, GewSt und USt. Sie werden, wie aus Übersicht 2 ersichtlich ist, in den folgenden Lektionen behandelt.

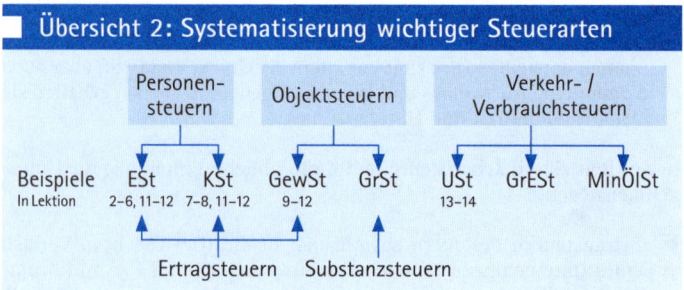

Übersicht 2: Systematisierung wichtiger Steuerarten

II.   Die Einkommensteuer

Lektion 2: Persönliche und sachliche Steuerpflicht sowie Tarif

1 Die persönliche Steuerpflicht

Die ESt ist eine Personensteuer. Es bedarf also einer Rechtsperson als Steuersubjekt. Ihr unterliegen ausschließlich natürliche Personen (Menschen von der Geburt bis zum Tod). Kapitalgesellschaften hingegen werden von der ESt ebenso wenig erfasst wie Personengesellschaften. Kapitalgesellschaften als juristische Personen zahlen Körperschaftsteuer (KSt) anstatt ESt. Personengesellschaften dagegen sind weder natürliche noch juristische Personen und unterliegen deshalb weder der KSt noch der ESt.

Fall 7

X, Y und Z sind Gesellschafter der XYZ-OHG. Der gewerbliche Gewinn der Gesellschaft beträgt 300.000 €. Wer ist Steuersubjekt?

Die OHG zahlt hierauf keine ESt, da sie nicht Steuersubjekt ist. Der Gewinn wird auf die Gesellschafter verteilt (wie im Gesellschaftsvertrag vereinbart, z.B. nach den Gesellschaftsanteilen) und dann ist jeder Gesellschafter mit seinem Gewinnanteil einkommensteuerpflichtig.

Bei der GmbH & Co. KG unterliegt der Gewinnanteil der Komplementär-GmbH der KSt und die Kommanditisten zahlen, sofern sie natürliche Personen sind, ESt. Die KG selbst ist also nicht Steuersubjekt.

1.1 Die unbeschränkte Steuerpflicht

Gemäß § 1 Abs. 1 EStG sind natürliche Personen, die im Inland einen Wohnsitz oder den gewöhnlichen Aufenthalt haben (Steuerinländer), unbeschränkt einkommensteuerpflichtig. D.h., die Staatsangehörigkeit spielt für die Besteuerung grundsätzlich keine Rolle. Gemäß § 8 AO hat jemand seinen Wohnsitz dort, wo er eine Wohnung unter Umständen innehat, die darauf schließen lassen, dass er die Wohnung beibehalten und benutzen wird. Den gewöhnlichen Aufenthalt hat jemand gemäß

§ 9 AO dort, wo er sich unter Umständen aufhält, die erkennen lassen, dass er an diesem Ort oder in diesem Gebiet nicht nur vorübergehend verweilt (Lebensmittelpunkt). Wo er polizeilich gemeldet ist, spielt also ebenfalls keine Rolle. Steuerinländer unterliegen grundsätzlich mit allen in- und ausländischen Einkünften gemäß § 2 Abs. 1 EStG der Einkommensbesteuerung (Welteinkommensprinzip). Zur Vermeidung oder Verminderung einer Doppelbesteuerung kann Deutschland jedoch auf die Besteuerung vor allem ausländischer Einkünfte ganz oder teilweise verzichten, z.B. in so genannten Doppelbesteuerungsabkommen (DBA) mit anderen Staaten; hierzu aber erst in Lektion 12.

1.2 Die beschränkte Steuerpflicht

Nach § 1 Abs. 4 EStG sind natürliche Personen, die weder einen Wohnsitz noch den gewöhnlichen Aufenthalt in der Bundesrepublik haben, beschränkt einkommensteuerpflichtig, wenn sie inländische Einkünfte i. S. d. § 49 EStG erzielen. Die dort genannte Aufzählung ist abschließend. Gemäß § 2 Abs. 1 EStG unterliegen nur diese der ESt.

▬▬ Fall 8
Der deutsche Rennfahrer X, der in Salzburg wohnt und dort seinen Lebensmittelpunkt hat, gewinnt auf dem Lausitzring den Großen Preis von Deutschland. Er erhält hierfür 100.000 €. Ist er in Deutschland einkommensteuerpflichtig?

Er ist in Ermangelung eines Wohnsitzes und gewöhnlichen Aufenthalts in Deutschland nicht unbeschränkt steuerpflichtig nach § 1 Abs. 1 EStG. Beschränkt steuerpflichtig nach § 1 Abs. 4 EStG ist er, da er inländische Einkünfte nach § 49 Abs. 1 Nr. 2 d) EStG erzielt.

2 Die sachliche Steuerpflicht

Bei der sachlichen Steuerpflicht steht nicht die Frage im Vordergrund, wer ein Einkommen erzielt, sondern was überhaupt Einkommen i.S.d. EStG ist. Die sachliche Steuerpflicht umfasst gemäß § 2 Abs. 1 EStG sieben Einkunftsarten. Dabei kann man bezüglich der Einkunftsermittlung zwischen Gewinn- und Überschusseinkunftsarten und bezüglich möglicher Einkünftekonkurrenzen zwischen Haupt- und Nebeneinkunftsarten unterscheiden.

Übersicht 3: Die Summe der Einkünfte

	Einkunftsarten	§§	
Haupt-ein-kunfts-arten	Einkünfte aus Land- und Forst-wirtschaft	§§ 13–14	Gewinnein-kunftsarten § 2 Abs. 2 Nr. 1
	Einkünfte aus Gewerbebetrieb	§§ 15–17	
	Einkünfte aus selbständiger Arbeit	§§ 18	
Neben-ein-kunfts-arten	Einkünfte aus nichtselbständiger Arbeit	§ 19	Überschuss-einkunfts-arten § 2 Abs. 2 Nr. 2
	Einkünfte aus Kapitalvermögen	§ 20	
	Einkünfte aus Vermietung und Verpachtung	§ 21	
	Sonstige Einkünfte	§§ 22–23	
	= Summe der Einkünfte		

Nur diese Einkünfte können der ESt unterliegen; es handelt sich also um eine abschließende Aufzählung.

Fall 9

X erbt Bargeld und ein Haus. Von dem Bargeld legt er einiges in Lotto-scheinen an. Tatsächlich gewinnt er auch im Lotto. Welche Einkünfte?
Die Einkünfte des EStG folgen grundsätzlich dem do-ut-des-Prinzip (ich gebe, damit du gibst). Wenn also der Einnahme keine Leistung gegenübersteht, spricht viel dafür, dass sie nicht unter eine der sieben Einkunftsarten fällt. Dies ist bei Erbschaften und Schenkungen unmit-telbar einsichtig, bei denen dann ggf. Erbschaft- oder Schenkungsteuer anfallen kann, gilt aber auch für Lottogewinne. Der Gewinn ist nämlich keine Gegenleistung für den Kauf des Loses. Mit dem Los erwirbt man lediglich das Recht, an der Lotterie teilzunehmen. Einnahmen, die nicht von den sieben Einkunftsarten erfasst werden, sind nicht einkommen-steuerbar und damit auch nicht einkommensteuerpflichtig.

◼ Fall 10

X bekommt von seinem Arbeitgeber für seine stets hervorragende Arbeit eine goldene Armbanduhr mit einer Gravur „Sei immer treu und redlich!" auf dem Glas geschenkt. Er findet sie so hässlich, dass er sie nur nachts trägt. Muss er die Uhr dennoch als Einkünfte versteuern?

Auch wenn der Arbeitgeber die Uhr dem X freiwillig zuwendet, ist sie doch eine Gegenleistung für die erbrachte Arbeit (insofern auch kein Geschenk). Damit könnten Einkünfte aus nichtselbständiger Arbeit vorliegen. Tatsächlich sagt § 19 Abs. 1 EStG explizit, dass auch geldwerte „Vorteile" zu diesen Einkünften gehören. X muss den Gegenwert der Uhr also tatsächlich versteuern.

Voraussetzung für das Vorliegen von steuerpflichtigen Einkünften ist somit in aller Regel eine Marktteilnahme. Nur wer Leistungen (Güter oder Dienste) am Markt absetzt, kann einkommensteuerpflichtige Einkünfte erzielen. Innerhalb der durch Marktteilnahme erwirtschafteten Einkünfte wird dann noch einmal differenziert:

> Die **Gewinneinkunftsarten** (§ 2 Abs. 2 Nr. 1 EStG) sind durch intensive Marktteilnahme gekennzeichnet. Bei intensiver Marktteilnahme mit typischerweise mehreren Tauschpartnern müssen die gesamten erwirtschafteten Gewinne als Einkünfte versteuert werden, auch wenn es sich um Veräußerungsgewinne handelt.
> Bei den **Überschusseinkunftsarten** (§ 2 Abs. 2 Nr. 2 EStG) wird der Marktaustausch als nicht so intensiv angesehen. Daher müssen nur laufende Einkünfte bzw. Früchte des Vermögens versteuert werden. Die Veräußerung des eingesetzten Vermögens selbst, des so genannten Stammrechts, ist einkommensteuerlich grundsätzlich irrelevant (zu Ausnahmen vgl. Lektion 11).

Aus diesen Gründen kann es von entscheidender Bedeutung sein, welcher Einkunftsart ein bestimmter Sachverhalt zugerechnet wird. Die Einkunftsarten sind jedoch nicht überschneidungsfrei.

◼ Fall 11

X ist Gewerbetreibender. Seinem Geschäftskonto werden Zinsen gutgeschrieben. Außerdem vermietet er eine Kammer des Bürogebäudes als Lagerraum an einen Kunden. Welche Einkunftsarten liegen vor?
Die Einkünfte könnten den Einkünften aus Gewerbebetrieb zugerechnet

werden, die Zinsen aber auch denen aus Kapitalvermögen und die Miete den Einkünften aus Vermietung und Verpachtung.

> Bei solchen Einkunftsarten-Konkurrenzen gilt die Regel, dass Einkünfte primär den **Haupteinkunftsarten** zuzurechnen sind (vgl. die §§ 20 Abs. 8, 21 Abs. 3, 22 Nr. 1 und Nr. 3, 23 Abs. 2 EStG). Man sagt auch, die Nebeneinkunftsarten sind subsidiär (**Subsidiaritätsprinzip**).
> Innerhalb der **Nebeneinkunftsarten** soll zunächst eine Zurechnung zu den Einkünften aus Vermietung und Verpachtung, dann zu den Einkünften aus Kapitalvermögen erfolgen (§§ 20 Abs. 8, 21 Abs. 3 EStG).
> Erst wenn alle anderen Einkunftsarten nicht einschlägig sind, soll gemäß §§ 22 Nr. 1 und Nr. 3, 23 Abs. 2 EStG eine Zurechnung zu den sonstigen Einkünften vorgenommen werden. Eine Ausnahme wird erst in Lektion 11 behandelt.

Von den nicht steuerbaren Einkünften sind die steuerfreien (im Sinne von steuerbefreiten) Einkünfte zu unterscheiden. Diese unterliegen zwar einer der sieben Einkunftsarten, sind aber (vgl. § 3 EStG) explizit von der Besteuerung befreit.

Fall 12

X ist in seiner Freizeit als Fußballtrainer der F-Jugend bei Bertha HSC tätig. Für sein Engagement und zur Abgeltung seiner Ausgaben erhält er vom Verein pro Jahr 1.200 €.

Diese Einkünfte sind grundsätzlich steuerbar. Ob es solche aus nichtselbständiger oder selbständiger Arbeit sind, sei dahingestellt; es kommt auf die Ausgestaltung des Vertrages an. Sie sind jedenfalls wegen § 3 Nr. 26 EStG steuerbefreit.

Nehmen Sie bitte nun auch § 24 EStG zur Kenntnis. Er enthält keine Einkunftsart, sondern ist eine Norm, die für alle sieben Einkunftsarten ergänzend gilt. Hierunter fallen beispielsweise Entschädigungen für entgangene oder entgehende Einnahmen oder Einkünfte aus einer ehemaligen Tätigkeit, auch wenn sie dem Steuerpflichtigen als Rechtsnachfolger zufließen.

■ Fall 13

X wird unschuldig in einen Verkehrsunfall verwickelt. Die Versicherung des Schuldigen zahlt ihm Schadensersatz für sein Auto, Verdienstausfall und Schmerzensgeld. Hat X hierauf ESt zu zahlen?

Denken Sie bitte nochmals in Ruhe darüber nach. Grundsätzlich gilt das do-ut-des-Prinzip. Aber keine der Zahlungen wurden als Gegenleistung für seine marktmäßige Teilnahme am Crash geleistet. Anders wäre es, wenn die Beteiligten sich vorher auf das entgeltliche Herbeiführen eines Unfalls mit Personenschaden geeinigt hätten. Wenn aber der Unfall nicht geschehen wäre, hätte X arbeiten können und seinen „normalen Verdienst" erhalten und versteuert. Es ist daher sachgerecht, dass er auf den Verdienstausfallersatz, und nur auf diesen, gemäß §§ 19 i. V. m. 24 Nr. 1 a) EStG ESt zahlen muss.

Addiert man die verschiedenen Einkünfte, erhält man die Summe der Einkünfte. Hiervon können der Altersentlastungsbetrag (AEB), ein Entlastungsbetrag für Alleinstehende und ein Freibetrag für LuF abgezogen werden. Von dem sich ergebenden Gesamtbetrag der Einkünfte können bestimmte Ausgaben abgezogen werden, die zumeist die Konsumsphäre des Steuerpflichtigen (insbesondere die Sonderausgaben und außergewöhnlichen Belastungen) oder Verluste anderer Veranlagungszeiträume (VZ) betreffen. Eine genaue Darstellung enthält R 2 (1) EStR; vergleichen Sie die dort abgedruckte Tabelle mit der Übersicht 4, die die Ermittlung des zvE vereinfacht darstellt.

3 Tariffunktion und Steuersätze

3.1 Arten von Steuersätzen

Wurden von der Summe der Einkünfte die in Übersicht 4 dargestellten Abzüge vorgenommen, erhält man die Bemessungsgrundlage: das zu versteuernde Einkommen (zvE). Hierauf ist der Steuertarif anzuwenden. Die Tariffunktion verknüpft die Bemessungsgrundlage mit der (tariflichen) Steuerschuld. Die Steuerschuld (SESt) ist also eine Funktion der Bemessungsgrundlage (SESt = SESt[zvE]).

Übersicht 4: Ermittlung des zu versteuernden Einkommens

	Gewinneinkünfte	§§ 13–18	Lektion 3 und 4
+	Überschusseinkünfte	§§ 19–23	Lektion 5
=	**Summe der Einkünfte**	§ 2 Abs. 1	Lektion 2
./.	AEB, Entlastungsbetrag für Alleinerziehende, Freibetrag LuF	§ 24 a, § 24 b § 13 Abs. 3	ohne Lektion
=	**Gesamtbetrag der Einkünfte**	§ 2 Abs. 3	Lektion 2
./.	Verlustabzug	§ 10d	Lektion 6
./.	Sonderausgaben	§§ 10, 10a, 10b, 10c	Lektion 6
./.	außergewöhnliche Belastungen	§§ 33, 33a, 33b	Lektion 6
=	**Einkommen**	§ 2 Abs. 4	Lektion 2
./.	sonstige Abzüge	§§ 31, 32, 46	Lektion 6
=	**zu versteuerndes Einkommen**	§ 2 Abs. 5	Lektion 2

Fall 14

X hat ein zvE i.H.v. 40.064 € erzielt und darauf 9.246 € ESt (VZ 2007) gezahlt. Wie hoch ist sein Durchschnittssteuersatz?

Ihn erhält man, indem man schlicht die tarifliche Steuerschuld durch die Bemessungsgrundlage teilt. Es sind also 23,08 %.

$$\text{Durchschnittssteuersatz} = S_{ESt}[zvE]/zvE$$

Fall 15

Wie Fall 14. X will jedoch wissen, wie hoch der Steuersatz für einen zusätzlich verdienten € wäre.

Die Antwort darauf gibt Ihnen der Grenzsteuersatz. Er ist für betriebswirtschaftliche Entscheidungen gewöhnlich aussagekräftiger
als der Durchschnittssteuersatz. Die Ableitung der Tariffunktion
nach der Bemessungsgrundlage heißt Grenzsteuersatzfunktion. Für
eine bestimmte Bemessungsgrundlage (an einer bestimmten Stelle)
ergibt sie den **Grenzsteuersatz**:

Grenzsteuersatz = d SESt[zvE]/d zvE

Wenn X 41.072 € verdient, muss er auf die letzten 1.008 € eine ESt von
383 € zahlen. Dies entspricht einer Belastung von 38,00%.

Damit hat X den Übergang zum Differenzsteuersatz geschafft. Er ist für
betriebswirtschaftliche Zwecke häufig am aussagekräftigsten und gibt
an, wie hoch die zusätzliche ESt-Belastung auf ein zusätzliches zvE (z.B.
aufgrund einer Ergänzungsinvestition) ist. Mathematisch kann er wie
folgt ausgedrückt werden:

$$\text{Differenzsteuersatz} = \frac{S_{ESt}[zvE_{neu}] - SESt\,[zvE_{alt}]}{zvE_{neu} - zvE_{alt}}$$

Fall 16

X ist Hochschullehrer. Er erhält ein Angebot, für 3.000 € Honorar (nebst
Spesen) ein Managementseminar zu leiten. X will wissen, wie hoch seine
ESt-Belastung auf dieses Honorar ist. Muss er hierfür den Grenz-, Durch-
schnitts- oder Differenzsteuersatz anwenden?

Würde er den Grenzssteuersatz anwenden, wüsste er nur, wie hoch die
Steuer auf den „nächsten" verdienten € ist. Der Durchschnittssteuersatz
hilft ihm auch nicht weiter, da er sich auf das Gesamteinkommen und
nicht nur auf das Zusatzeinkommen bezieht. Wenn er aber die zusätz-
liche Steuer ($S_{ESt}[zvE_{neu}]$ – $S_{ESt}[zvE_{alt}]$) durch die 3.000 € teilt, erhält er
den Differenzsteuersatz; er stellt quasi die Durchschnittsbelastung des
Zusatzeinkommens dar.

3.2 Der geltende ESt-Tarif

Das ESt-Recht kennt einen progressiven Tarif, der zu einem Grenzsteuersatz von maximal 45 % führt. Der aktuelle ESt-Tarif ist in § 32a EStG niedergelegt (ein Blick ins Gesetz ist lohnend!).

Übersicht 5: Tariffunktion, Grenz- und Durchschnittssteuersatzfunktionen ab 2007

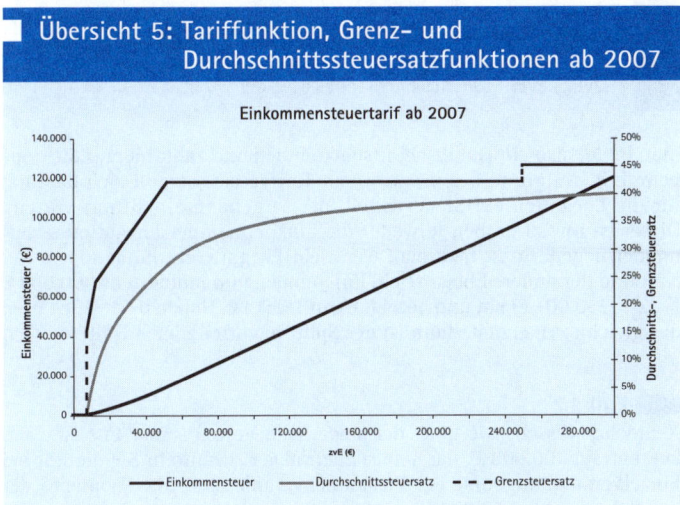

Einkommensteuertarif ab 2007

Übersicht 5 stellt zunächst die Tariffunktion 2007 graphisch dar (linke Ordinate), aus denen dann die Grenz- und Durchschnittssteuersatzfunktion (rechte Ordinate) abgeleitet sind. Das Existenzminimum liegt in Anlehnung an die Sozialhilfe bei 7.664 €. Der ESt-Satz hierauf beträgt 0 %. Anschließend steigt der Grenzsteuersatz auf maximal 45 % (Spitzensteuersatz). Der Durchschnittssteuersatz steigt, solange sich das zvE in der Progressionszone befindet, langsamer, in der oberen Proportionalzone aber schneller als der Grenzsteuersatz. Bei einem Ledigen mit einem zvE von 250.001 € beträgt der Grenzsteuersatz 45 %, der Durchschnittssteuersatz dagegen nur 39 %.

Eheleute können gemäß § 32a Abs. 5 EStG das Splitting-Verfahren anwenden. Hierbei beträgt die ESt das Zweifache des Steuerbetrages, der sich für die Hälfte ihres gemeinsamen zvE ergibt:

$$S_{ESt}^{Splitting} = 2 \cdot S_{ESt}\left[\frac{zvE_M + zvE_F}{2}\right]$$

$S_{ESt}^{Splitting}$ tarifliche ESt-Schuld bei Anwendung des Splittingtarifs

zvE_M, zvE_F zvE des Ehemannes bzw. der Ehefrau

Man bildet also ein Durchschnittseinkommen und zahlt hierauf die doppelte ESt. Aufgrund des progressiven Tarifverlaufs ergibt sich dadurch für die Ehegatten ein Steuervorteil (der so genannte Splitting-Vorteil). Dieser ist um so größer, je weiter die Einkommen der Ehegatten auseinander liegen. Er ist maximal, wenn ein Ehegatte ein Einkommen von Null und der andere Ehegatte ein Einkommen von mindestens 500.002 € (= 2 · 250.001 €) hat und beträgt dann 15.414 €. Haben beide Ehegatten das gleiche zvE erzielt, dann ist der Splittingvorteil gleich Null.

Fall 17

X möchte wissen, wie hoch der steuerliche Vorteil seiner Ehe ist. Sein zvE beträgt 100.000 €, das seiner Ehefrau 0 €. Ermitteln Sie die ESt bei Einzelveranlagung und bei Zusammenveranlagung (das Doppelte der tariflichen ESt bei 50.000 €).
Der Splittingvorteil beträgt in diesem Fall 7.894 €. Sie können sich den Vorteil auch verdeutlichen, indem Sie den Durchschnittssteuersatz bei einem zvE von 100.000 € und bei 50.000 € in Übersicht 5 ablesen.

Auf die ESt (nicht auf das zvE!) wird zur Zeit als Ergänzungsabgabe der Solidaritätszuschlag erhoben. Er beträgt gemäß § 3 i. V. m § 4 SolZG 5,5% der ESt.

Leitsatz 2

!

Gegenstand der Einkommensteuer

Die ESt erfasst das zu versteuernde Einkommen (zvE) natürlicher Personen, die in Deutschland unbeschränkt oder beschränkt steuerpflichtig sind. Die unbeschränkte Steuerpflicht führt gemäß § 1 Abs. 1 EStG i. V. m. § 2 Abs. 1 EStG zur Anwendung des Welteinkommensprinzips. Die beschränkte Steuerpflicht erfasst gemäß § 1 Abs. 4 i. V. m. § 2 Abs. 1 EStG lediglich inländische Einkünfte im Sinne von § 49 EStG (Territorialprinzip).

§ 2 Abs. 1 EStG unterscheidet sieben Einkunftsarten, von denen die ersten drei Gewinn- und die übrigen vier Überschusseinkunftsarten sind. Die letzten drei Einkunftsarten (Nebeneinkunftsarten) sind subsidiär. Die Einkunftsarten werden in den §§ 13 bis 23 definiert. Subtrahiert man von der Summe der Einkünfte die in Übersicht 4 dargestellten Abzüge, erhält man das zvE. Hierauf ist der ESt-Tarif anzuwenden (§ 32a EStG). Dabei können Eheleute gemäß § 32a Abs. 5 EStG das Splitting-Verfahren nutzen.

Lektion 3: Die Gewinneinkunftsarten

1 Die Gewinnermittlungsvorschriften

Gemäß § 2 Abs. 2 Nr. 1 EStG werden die Einkünfte aus Land- und Forstwirtschaft, aus Gewerbebetrieb sowie aus selbständiger Arbeit als Gewinn nach den §§ 4 bis 7 EStG, und zwar im Allgemeinen mit Hilfe einer Steuerbilanz, ermittelt. Dies ergibt sich explizit aus § 4 Abs. 1 S. 1 EStG. Der bilanzielle Gewinn ist gleich dem Gewinn (Jahresüberschuss) in der Gewinn- und Verlustrechnung, in der Erträge und Aufwendungen ausgewiesen werden. Daher kann der steuerliche Gewinn ebenso als Differenz aus Betriebseinnahmen (Erträge) und Betriebsausgaben (Aufwendungen i. S. v. § 4 Abs. 4 EStG) berechnet werden; das Ergebnis ist dasselbe. Man unterscheidet grundsätzlich drei Gewinnermittlungsarten.

1.1 Die derivative Steuerbilanz nach § 5 Abs. 1 S. 1 EStG

Wenn ein Unternehmen eine Handelsbilanz erstellt, wird gemäß § 5 Abs. 1 EStG die Steuerbilanz aus der Handelsbilanz abgeleitet (derivative Steuerbilanz). Schlagen Sie bitte § 140 AO nach. Man spricht auch vom formellen **Maßgeblichkeitsprinzip** des § 5 Abs. 1 S. 1 EStG, weil die konkreten Wertansätze in der Handelsbilanz für die Steuerbilanz maßgeblich sind, sofern das Steuerrecht nichts anderes vorschreibt. Diese Einschränkung kann auf zwei Arten erfolgen.

▶ Zum einen können die Steuergesetze bestimmte Modifikationen verlangen (z.B. ist die Drohverlustrückstellung nach § 249 Abs. 1 HGB in der Handelsbilanz zwar zwingend vorgeschrieben, für die Steuerbilanz aber gemäß § 5 Abs. 4a EStG verboten. Seit dem Veranlagungszeitraum 2008 ist auch die degressive AfA nach Steuerrecht verboten. Dafür sieht die so genannte Siebenergruppe, also §§ 7 a ff. EStG zahlreiche Sonderabschreibungen und erhöhte Abschreibungen vor, die den GoB widersprechen).

▶ Zum anderen kann der BFH § 5 Abs. 1 EStG nach steuerlichen Gesichtspunkten auslegen.

 Von fundamentaler Bedeutung ist hier insbesondere der BFH-Beschluss vom 3.2.1969, GrS 2/68, BStBl. II 1969, S. 291–294.

Dort führte der BFH aus, dass handelsrechtliche Aktivierungswahlrechte bei der Bilanzierung bzw. Bewertung von Vermögensgegenständen zu einer steuerlichen Aktivierungspflicht und handelsrechtliche Passivierungswahlrechte zu einem steuerlichen Passivierungsverbot führen. Sie sollten dieses Urteil lesen und einen Moment darüber nachdenken, ob diese Rechtsprechung eher den Fiskus oder den Steuerpflichtigen bevorteilt.

Bedenken Sie, dass die steuerlichen Spezialnormen in den §§ 4 bis 7 EStG eine Durchbrechung der Maßgeblichkeit bedeuten, die Auslegung des § 5 Abs. 1 EStG durch die Rechtsprechung hingegen nur die Interpretation des Maßgeblichkeitsprinzips.

1.2 Die originäre Steuerbilanz gemäß § 4 Abs. 1 EStG

Wer keine Handelsbilanz erstellt (insbesondere Freiberufler, Land- und Forstwirte sowie Kleingewerbetreibende i. S. v. § 1 Abs. 2 HGB), kann hieraus auch keine Steuerbilanz ableiten. Daher schreibt § 141 AO für Gewerbetreibende sowie für Land- und Forstwirte (nicht aber für Selbständige!) eine **originäre Steuerbilanz** vor, wenn die dort genannten

Größenmerkmale erfüllt sind und keine Handelsbilanz erstellt wird.

Fall 18

X ist Landwirt. Sein jährlicher Umsatz liegt regelmäßig bei etwa 200.000 €; sein Gewinn bei 40.000 €. Welche Gewinnermittlung muss er durchführen?

Als Landwirt ist er i. d. R. kein Kaufmann i.S.d. HGB. Daher ist § 5 Abs. 1 EStG nicht einschlägig. Er liegt auch unter der in § 141 Abs. 1 Nr. 1 AO genannten Umsatzschwelle, allerdings über der Gewinnschwelle des § 141 Abs. 1 Nr. 5 AO. Daher erstellt er eine originäre Steuerbilanz nach § 4 Abs. 1 EStG.

1.3 Die vereinfachte Gewinnermittlung nach § 4 Abs. 3 EStG

Wer weder eine Handelsbilanz erstellt noch die Größenmerkmale erfüllt, die Sie gerade in § 141 AO nachgelesen haben, darf (Wahlrecht! Alternativ zu § 4 Abs. 1 EStG) eine vereinfachte Gewinnermittlung nach § 4 Abs. 3 EStG durchführen. Betroffen sind alle Unternehmen, aus denen Einkünfte aus selbständiger Arbeit erzielt werden, aber auch die „kleinen" Gewerbe- sowie Land- und Forstwirtschaftsbetriebe. Bei der „4 III-Ermittlung" gilt grundsätzlich das Zu- und Abflussprinzip des § 11 EStG. Betriebseinnahmen werden also bei Zufluss erfasst, Betriebsausgaben bei Abfluss.

In § 4 Abs. 3 EStG haben die Begriffe Betriebseinnahmen und Betriebsausgaben (i. d. R. sind Einnahmen und Ausgaben gemeint) also in zeitlicher Hinsicht eine andere Bedeutung als bei der Gewinnermittlung nach den §§ 4 Abs. 1 bzw. 5 Abs. 1 EStG (hier sind periodisierte Einnahmen bzw. Ausgaben, also Erträge und Aufwendungen gemeint).

Fall 19

X ist Gewerbetreibender. Er verkauft im Dezember Waren auf Ziel. Die Zahlung erfolgt im Januar. In welchem Jahr liegen Betriebseinnahmen vor?

Wenn er Kleingewerbetreibender ist und daher den Gewinn nach § 4 Abs. 3 EStG ermittelt, ist die Betriebseinnahme im Januar entstanden (Zufluss). Wenn er aber nach § 5 Abs. 1 EStG bilanziert, wäre sie bereits in der GuV des alten Jahres zu erfassen und zugleich eine Forderung zu aktivieren.

▇▇ Fall 20

Das findet X prima. Um seine Steuerbelastung des laufenden Jahres noch etwas zu senken, zahlt er die Miete und Versicherungen für Januar bereits am 20.12., obwohl sie erst (wie jeden Monat) am 2.1. fällig sind. Funktioniert das?

Wenn Sie § 11 EStG aufmerksam gelesen haben, müssten Sie jetzt über § 11 Abs. 1 S. 2 i. V. m. Abs. 2 S. 2 EStG stolpern. Diese Ausnahme gilt für regelmäßige Zahlungen (z.B. Miete, Zinsen, Versicherungen, Strom), sofern sie kurze Zeit vor oder nach dem Jahreswechsel erfolgen. Was eine kurze Zeit ist, sagt § 11 EStG nicht. Die Rechtsprechung und Finanzverwaltung gehen hier regelmäßig von einem Zeitraum von zehn Tagen aus (vgl. H 11 EStR). Da die Zahlung elf Tage vor dem Jahreswechsel erfolgte, greift die Ausnahmeregelung nicht. X kann also seine Steuerlast im alten Jahr mindern und damit im neuen Jahr erhöhen. Um in keine Falle zu tappen, ist noch § 11 Abs. 2 S. 3 EStG zu lesen!

▇▇ Fall 21

Das hat X alles kapiert. Er kauft für seinen kleinen Gewerbebetrieb ein Lagergrundstück (Anschaffungskosten 200.000 €) und setzt die Anschaffungskosten sogleich als Betriebsausgaben ab. Ist das korrekt?
Keine Regel ohne Ausnahme: Obwohl 4 III-Ermittler kein Anlagevermögen haben, weil sie ja gar nicht bilanzieren, wird ihr gedachtes Anlagevermögen wie bei einem Bilanzierenden behandelt. Bevor Sie weiterlesen, sollten sie kurz darüber nachdenken, wie nicht abnutzbares Anlagevermögen im Zeitablauf bilanziert wird.

§ 4 Abs. 3 S. 4 und 3 EStG nennen die Lösung. Das Grundstück wird im Zugangszeitpunkt erfolgsneutral behandelt und erst bei Veräußerung berücksichtigt. Wenn es dann z.B. für 300.000 € verkauft wird, hat X 200.000 € als Betriebsausgaben und 300.000 € als Betriebseinnahmen zu erfassen und weist damit einen Gewinn i.H.v. 100.000 € aus.

▇▇ Fall 22

X kauft auch noch eine Maschine für 20.000 €. Die Anschaffungskosten will er erst als Betriebsausgabe ansetzen, wenn er die Maschine (nach fünf Jahren) zum Schrotthändler gibt. Ist das jetzt korrekt?

Wieder falsch: Er hat § 4 Abs. 3 S. 3 EStG nicht richtig gelesen. Bei abnutzbaren Wirtschaftsgütern des Anlagevermögens sind die Abschreibungsregeln zu beachten. Er setzt also (lineare Abschreibung) jedes Jahr 4.000 € als Betriebsausgaben an. Wenn er sie z.B. bereits nach zwei Jahren verkaufen würde, müsste er den Verkaufspreis als Betriebseinnahme und den gedachten Restbuchwert von 12.000 € als Betriebsausgabe berücksichtigen.

1.4 Exotenfälle für landwirtschaftlich und nautisch Interessierte

Lediglich hingewiesen sei auf zwei besondere Formen der Gewinnermittlung. Bei den Einkünften aus Land- und Forstwirtschaft besteht unter bestimmten Voraussetzungen (insbesondere für Nebenbetriebserwerbe) die Möglichkeit zu einer vereinfachten Gewinnermittlung nach § 13a EStG. Bei dieser so genannten Durchschnittssatzermittlung ist der resultierende Gewinn gewöhnlich wesentlich niedriger als der Gewinn, der mit Hilfe einer Bilanz (nach § 4 Abs. 1 EStG) ermittelt werden würde. Für Handelsschiffe im internationalen Verkehr kann gemäß § 5a EStG der Gewinn auf Antrag nach der im Gewerbebetrieb geführten Tonnage ermittelt werden.

Leitsatz 3

!

Die Gewinnermittlungsarten

Bei den Gewinneinkunftsarten werden die Einkünfte als Differenz zwischen Betriebseinnahmen und Betriebsausgaben (§ 4 Abs. 4 EStG) ermittelt. Als Gewinnermittlungsarten finden insbesondere die derivative Steuerbilanz nach § 5 Abs. 1 EStG (Maßgeblichkeitsprinzip), die originäre Steuerbilanz nach § 4 Abs. 1 EStG und die vereinfachte Gewinnermittlung nach § 4 Abs. 3 EStG Anwendung. Bei der 4 III-Ermittlung gilt zunächst das Zu- und Abflussprinzip des § 11 EStG. Wird aber nicht abnutzbares Anlagevermögen erworben, sind die Ausgaben erst im Verkaufszeitpunkt als Betriebsausgaben zu erfassen. Wird abnutzbares Anlagevermögen erworben, sind die Ausgaben über die planmäßigen Abschreibungen zu erfassen. Bei Veräußerung ist der Restbuchwert als Betriebsausgabe anzusetzen.

Übersicht 6: Anwendungsbereiche der Gewinnermittlungsarten

Einkunftsart	Buchführungspflicht nach		keine Buchfüh-rungspflicht
	HGB	Steuergesetzen	
Einkünfte aus Land- und Forstwirtschaft	(Ausnahme: Kannkaufmann nach § 3 HGB)	gem. § 141 AO:	grds. nach § 13a Abs. 1 EStG
		§ 4 Abs. 1 EStG	auf Antrag gem. § 13a Abs. 2 EStG: §§ 4 Abs. 1 oder Abs. 3 EStG
Einkünfte aus Gewerbebe-trieb	gem. § 140 AO: § 5 Abs. 1 EStG (Schiffe: § 5a EStG)	gem. § 141 AO: § 4 Abs. 1 EStG	Kleingewerbe-treibende: § 4 Abs. 3 EStG
Einkünfte aus selbständiger Arbeit			Wahlrecht gem. § 4 Abs. 3 S. 1: § 4 Abs. 3 oder § 4 Abs. 1 EStG

2 Bestimmung und Abgrenzung der Gewinneinkunftsarten

Die §§ 13 bis 18 EStG definieren die drei Gewinneinkunftsarten. Ihre Abgrenzung untereinander ist für die Besteuerung aus mehreren Gründen von Bedeutung. Wie Sie gesehen haben, sind bestimmte Vereinfachungen bei der Gewinnermittlung einkunftsartenabhängig. Außerdem führen Einkünfte aus Gewerbebetrieb auch zur GewSt-Pflicht und zugleich zu einer kompensatorischen ESt-Entlastung. Dieser Hinweis wird in Lektion 10 wieder aufgenommen und erläutert.

§ 15 EStG definiert den Gewerbebetrieb. Er fasst den Begriff dabei so weit, dass die Land- und Forstwirtschaft (§ 13 EStG), die selbständige Arbeit (§ 18 EStG) und sogar die bloße Vermögensverwaltung zunächst auch darunter fallen und somit wieder ausgegrenzt werden müssen. Daraus ergibt sich, dass die Qualifikationen nach §§ 13 und 18 EStG als Spezialregeln der nach § 15 EStG vorgehen. Daher empfiehlt es sich, zunächst mit dem allgemeinen Fall der Einkünfte aus Gewerbebetrieb zu beginnen.

2.1 Einkünfte aus Gewerbebetrieb

Ein Gewerbebetrieb kann grundsätzlich als gewerbliches **Einzelunternehmen** (§ 15 Abs. 1 Nr. 1 EStG) oder in Form einer **Mitunternehmerschaft** (§ 15 Abs. 1 Nr. 2 EStG) geführt werden. Eine Mitunternehmerschaft ist i. d. R. eine Personengesellschaft. Einzelheiten hierzu enthält Lektion 4. Damit die Gesellschafter des Unternehmens Einkünfte aus Gewerbebetrieb erzielen, müssen die Tätigkeitsmerkmale des § 15 Abs. 2 EStG erfüllt sein. Diese Norm ist von zentraler Bedeutung für alle Gewinneinkunftsarten; lesen Sie sie also bitte nach. Eine Betätigung ist gemäß § 15 Abs. 2 EStG eine gewerbliche Tätigkeit, wenn sie unter folgenden Bedingungen ausgeübt wird (**Positivmerkmale**):

▶   selbständig

Hier wird anhand des Handelns auf eigene Gefahr und Rechnung die Abgrenzung zur nichtselbständigen Arbeit vorgenommen.

▶   nachhaltig

Nach der BFH-Rechtsprechung reicht die Wiederholungsabsicht aus.

▶   mit Gewinnerzielungsabsicht,

Nicht erfasst werden sollen die Liebhaberei (z.B. Hobbys, aus denen zwar Einnahmen, aber keine Gewinne erzielt werden) und solche Betätigungen, die nur der Steuerminderung, aber nicht der Gewinnerzielung dienen.

▶   unter Beteiligung am allgemeinen wirtschaftlichen Verkehr.

D.h. die Leistung muss in irgend einer Form Dritten marktmäßig angeboten werden. Dies ist insbesondere bei einem erkennbaren Auftreten gegenüber einem größeren Kundenkreis der Fall.

Da diese Merkmale auch auf die Land- und Forstwirtschaft, auf die selbständige Arbeit sowie auf die bloße Vermögensverwaltung zutreffen,

formuliert § 15 Abs. 2 EStG bzw. die Rechtsprechung bei seiner Interpretation zusätzliche Negativmerkmale. Demnach ist die Tätigkeit nur
gewerblich, wenn sie zugleich ist:

▶ Nicht Ausübung einer selbständigen Arbeit (gemäß § 18 EStG) oder
einer land- und forstwirtschaftlichen Tätigkeit (§§ 13 bis 14 EStG)
oder einer bloßen Vermögensverwaltung (z.B. Vermietung des eigenen Mietshauses, Verwaltung eines eigenen Aktiendepots; vgl. R 15.7
EStR).

■ Übersicht 7: Tatbestandsmerkmale der gewerblichen Tätigkeit

Tatbestandsmerkmale der gewerblichen Tätigkeit nach § 15 Abs. 2 EStG		Verständnishilfe
Positivmerkmale	Selbständigkeit	auf eigene Gefahr und Rechnung
	Nachhaltigkeit	Wiederholungsabsicht
	Gewinnerzielungsabsicht	keine bloße Liebhaberei
	Beteiligung am allgemeinen wirtschaftlichen Verkehr	Leistung muss Dritten marktmäßig angeboten werden
Negativmerkmale	Nicht Land- und Forstwirtschaft	Vgl. § 13 EStG
	Nicht selbständige Arbeit	Vgl. § 18 EStG
	Nicht bloße Vermögensverwaltung	Achtung: steht nicht im § 15 Abs. 2 EStG, aber Rechtsprechung

■ Fall 23

X möchte schnell viel Geld machen. Er gründet eine Hausverwaltung, aus
der er Gewinne erzielt. Daneben handelt er auch erfolgreich in Diskothe-
ken mit kleinen bunten (und verbotenen) Pillen. X meint, dass er keine
Einkünfte aus Gewerbebetrieb erzielt.

Hier irrt er. Hinsichtlich der Hausverwaltung sind alle Positiv- und Negativmerkmale erfüllt. Etwas anderes wäre es, wenn er sein eigenes Haus vermietet und verwaltet. Auch hinsichtlich des Drogenhandels sind die Merkmale des § 15 Abs. 2 EStG erfüllt (Bitte lesen Sie das BFH-Urteil vom 6.4.2000 – IV R 31/99, BStBl II 2001, 536–541). Beachten Sie, dass der Gesetzgeber nicht die Legalität der Betätigung als Tatbestandsmerkmal nennt! Sofern Sie diese Lösung erstaunt, sollten Sie nochmals in Lektion 1 nachschlagen.

Ebenfalls zu den Einkünften aus Gewerbebetrieb gehören gemäß § 16 EStG Erfolge aus der Veräußerung eines gewerblichen (Teil-)Betriebes bzw. eines so genannten MU-Anteils. In § 17 EStG wird ein weiterer Sondertatbestand kodifiziert.

2.2 Einkünfte aus Land- und Forstwirtschaft

Land- und Forstwirtschaft liegt bei planmäßiger Nutzung der natürlichen Kräfte des Bodens und der Verwertung der dadurch gewonnenen Erzeugnisse vor. Hierzu gehört auch die Tierzucht und Tierhaltung, sofern eine ausreichende landwirtschaftliche Fläche genutzt wird.

▮▮ Fall 24
Da X dem Drogenhandel doch wieder abgeschworen hat, möchte er in seiner Zweiraumwohnung eine Legebatterie (ca. 400 Hühner) einrichten. Würde er damit Einkünfte aus Land- und Forstwirtschaft erzielen?

Ohne in die Details der Landwirtschaft einzusteigen, ist erkennbar, dass hier keine landwirtschaftliche Tierhaltung vorliegt. Diese rechtlich und ethisch bedenkliche Art der Tierhaltung führt zu Einkünften aus gewerblicher Tierzucht. Es sind keine Einkünfte aus Land- und Forstwirtschaft, sondern Einkünfte aus Gewerbebetrieb (vgl. § 15 Abs. 4 EStG).

§ 13 Abs. 1 und 2 EStG nennen die Einzelfälle der land- und forstwirtschaftlichen Tätigkeiten. Darüber hinaus müssen aber immer die in Übersicht 7 genannten Positivmerkmale vorliegen. Der Teufel liegt jedoch – wie immer – im Detail:

▮▮ Fall 25
X versucht sein Glück mit Pferden. Er betreibt eine Pferdepension mit artgerechter Offenstallhaltung, Sandplatz und einer kleinen Reithalle. Zusätz-

lich bietet er auch Reitunterricht an. Welche Einkunftsart liegt vor?
Im BFH-Urteil vom 23.9.1988, III R 182/84, BStBl. II 1989, S. 111–113
wurden für die Pensionspferdehaltung (nebst Reitanlage) Einkünfte als
Land- und Forstwirtschaft anerkannt. Wird aber zugleich Reitunterricht
erteilt, nimmt der BFH für die gesamte Tätigkeit einen einheitlichen
Gewerbebetrieb an (Vertiefung in Lektion 4).

Ebenfalls zu den Einkünften aus Land- und Forstwirtschaft gehören
gemäß § 14 S. 1 EStG Erfolge aus der Veräußerung eines land- oder
forstwirtschaftlichen (Teil-)Betriebes.

2.3 Einkünfte aus selbständiger Arbeit

Neben den in **Übersicht 7** genannten Positivmerkmalen müssen, damit
Einkünfte aus selbständiger Arbeit vorliegen, gemäß § 18 Abs. 1 Nr. 1 bis
3 EStG alternativ folgende Merkmale erfüllt sein:

▶   Eine freiberufliche Tätigkeit nach § 18 Abs. 1 Nr. 1 EStG

Zu den freiberuflichen Tätigkeiten gehören grundsätzlich die wissenschaftliche, künstlerische, schriftstellerische, unterrichtende und erzie-
herische Betätigung.

▮▮ Fall 26

X ist als Professor wissenschaftlich, schriftstellerisch und unterrichtend
(gelegentlich auch erzieherisch) tätig. Hat er Einkünfte nach § 18 Abs. 1
Nr. 1 EStG?

Grundsätzlich nicht. Hier mangelt es an dem Positivmerkmal der Selb-
ständigkeit; er ist Beamter. Wenn X allerdings ein Lehrbuch schreibt und
hierfür ein geringes (Gruß an den Verleger!) Honorar erhält, oder wenn
er ein bezahltes Managementseminar durchführt, erzielt er neben seinen
Beamtenbezügen, die unter die nichtselbständige Arbeit fallen, auch
Einkünfte als Freiberufler. § 18 Abs. 1 Nr. 1 EStG konkretisiert die Freiberufler zusätzlich durch die so genannten **Katalogberufe** (Arzt, Zahnarzt,
Tierarzt, Rechtsanwalt, Notar ...) und ihnen ähnliche Berufe.

▮▮ Fall 27

X ist als Wahrsager tätig. Er sieht dies als freiberufliche Tätigkeit an, da
er die Wissenschaft der Erforschung der Naturheilkräfte anwende, also

wissenschaftlich tätig sei und außerdem auch Ähnlichkeiten gleich zu
mehreren freien Berufen bestehen. Sie auch?

 BFH-Urteil vom 30.3.1976, VIII R 137/75, BStBl. II 1976, S. 464–
465

Der BFH hat sich im Hellseherinnenurteil mit dieser Frage befasst. Sie
sollten dieses Urteil unbedingt lesen, weil es sehr gut strukturiert ist und
verständlich den § 18 EStG durchprüft. Der BFH kommt dabei unter
anderem zu dem Ergebnis, dass die Tätigkeit einem der genannten Berufe
und nicht nur einer Gruppe von Berufen ähnlich sein muss. Der Wahrsager erzielt also Einkünfte aus Gewerbebetrieb. H 15.6 EStR enthält übrigens eine interessante Liste mit Urteilen, bei denen entschieden wurde,
ob bei den genannten Berufen gewerbliche oder freiberufliche Einkünfte
vorliegen.

▶ Einkünfte der staatlichen Lotterieeinnehmer.
▶ Sonstige in § 18 Abs. 1 Nr. 3 aufgeführte Berufe (Testamentsvollstre-
  cker, Vermögensverwalter, Aufsichtsratsmitglied und ähnliche).
▶ Spezielle Einkünfte im Sinne des § 18 Abs. 1 Nr. 4 EStG (so genannte
  „Carried Interest", Gewinnbeteiligung aus Private-Equity-Investitio-
  nen), für die § 3 Nr. 40a EStG gilt.

Die Unterscheidung des EStG in gewerbliche und freiberufliche Tätigkeiten erscheint etwas anachronistisch und im Einzelfall schwer nachvoll-
ziehbar. Warum z.B. ein beratender Betriebswirt unter § 18 EStG fällt,
ein EDV-Berater hingegen von § 15 EStG und mal von § 18 EStG erfasst
wird, mit der Folge dass er als Gewerbetreibender auch gewerbesteuerpflichtig ist, bleibt einem neutralen Beobachter eher verborgen (vgl. R
15.6 Stichwort „EDV-Berater").

Abschließend sei auf § 18 Abs. 3 EStG hingewiesen. Analog zur Steuerpflicht der Betriebsveräußerung bei land- und forstwirtschaftlichen sowie
gewerblichen Einkünften sind auch Veräußerungserfolge aus dem Verkauf des der selbständigen Arbeit dienenden Vermögens steuerpflichtig.

Leitsatz 4

!

Abgrenzung der Gewinneinkunftsarten

Die Positivmerkmale des § 15 Abs. 2 EStG greifen bei allen Gewinneinkunftsarten (und auch bei den meisten Überschusseinkünften).
Daher sind die Negativmerkmale zur Abgrenzung unerlässlich.
Für die Besteuerung ist nicht nur die Abgrenzung der Gewinn- zu den
Überschusseinkunftsarten wichtig, sondern auch ihre Abgrenzung
untereinander. Während nämlich die Einkünfte aus Gewerbebetrieb
auch der GewSt unterliegen, ist dies bei den Einkünften aus Land-
und Forstwirtschaft sowie aus selbständiger Arbeit nicht der Fall.
Auch können die Gewinnermittlungsarten differieren.

Lektion 4: Sonderfragen der Mitunternehmerschaft

1 Der Mitunternehmer

Sie haben in Lektion 2 gelernt, dass Erfolge natürlicher Personen der
ESt unterliegen. Gewinne juristischer Personen, dies sind insbesondere
Kapitalgesellschaften, unterliegen der KSt.

▮ Fall 28

Die XY-Autohandels-OHG erzielt einen Gewinn i.H.v. 500.000 €. Ist sie
einkommen- oder körperschaftsteuerpflichtig?

Personengesellschaften selbst unterliegen weder der ESt noch der KSt,
weil sie keine eigenen Steuersubjekte nach §§ 1 EStG bzw. 1 KStG darstellen. Vielmehr werden die Gesellschafter mit ihren Gewinnanteilen aus
Gewerbebetrieb nach § 15 EStG zur ESt bzw. KSt herangezogen.

Für diese Gesellschafter gebraucht der Gesetzgeber in § 15 Abs. 1 Nr. 2
EStG den unbestimmten Rechtsbegriff des Mitunternehmers (MU). Demnach sind dies „Gesellschafter einer OHG, einer KG und einer anderen
Gesellschaft, bei der der Gesellschafter als Unternehmer (Mitunternehmer) des Betriebs anzusehen ist." Lesen Sie den Text bitte im Original
und versuchen Sie zu beurteilen, ob im folgenden Fall eine Mitunter-
nehmerstellung vorliegt.

Fall 29

Z ist an der XY-Autohandels-OHG als stiller Gesellschafter beteiligt. Für sein der OHG zur Verfügung gestelltes Kapital erhält er eine angemessene Gewinnbeteiligung. An den Verlusten und den stillen Reserven ist er nicht beteiligt. Sein betriebliches Engagement erschöpft sich in gelegentlichen Kontrollen.

> Beachten Sie, dass bei allein grammatikalischer Auslegung des § 15 Abs. 1 Nr. 2 EStG jeder Gesellschafter einer OHG oder KG immer Einkünfte aus Gewerbebetrieb erzielen würde, weil sich der Relativsatz nur auf die anderen Gesellschaften bezieht. BFH und Literatur interpretieren die Norm aber (gegen den Wortlaut!) teleologisch. Das bedeutet, dass nicht automatisch aus jeder Personengesellschaft Einkünfte aus Gewerbebetrieb erzielt werden! Nur wenn die im Folgenden erläuterten drei Tatbestandsmerkmale beim Gesellschafter erfüllt sind, ist er MU und kann, wenn zusätzlich § 15 Abs. 2 EStG erfüllt ist, Einkünfte aus Gewerbebetrieb i.S.v. § 15 Abs. 2 EStG erzielen.

X könnte als typischer stiller Gesellschafter Einkünfte aus Kapitalvermögen nach § 20 Abs. 1 Nr. 4 EStG erzielen. Denkbar ist aber auch, dass er MU ist und (da auch § 15 Abs. 2 EStG zutrifft) Einkünfte aus Gewerbebetrieb erzielt. Allein mit der gesetzlichen Definition des § 15 Abs. 1 Nr. 2 EStG ist dieser Fall nicht zu lösen. Aufgrund der Unbestimmtheit des Rechtsbegriffs war die Rechtsprechung gefordert, die Tatbestandsmerkmale zu konkretisieren. Nach der Rechtsprechung des BFH (vgl. die Ausführungen in H 15.8 EStR) sind dies:

▶ Ein Gesellschaftsverhältnis,

Meist liegt ein Gesellschaftsverhältnis durch die Gründung einer Personengesellschaft für Dritte erkennbar vor. Aber auch verdeckte Mitunternehmerschaften (MUschaften) sind möglich. So kann etwa eine formal als stille Gesellschaft (vgl. §§ 230 ff. HGB) auftretende Konstruktion steuerlich eine MUschaft sein. Dies ist dann der Fall, wenn der stille Gesellschafter ein hohes Unternehmerrisiko trägt und Unternehmerinitiative entfalten kann. Das Gesellschaftsverhältnis ist zwar nicht von außen erkennbar, aber vorhanden.

▶ Unternehmerrisiko

Das Unternehmerrisiko konkretisiert sich in der Haftung des Gesellschafters gegenüber den Gläubigern des Unternehmens (Außenverhält-
nis) sowie der Beteiligung am Erfolg des Unternehmens (Innenverhält-
nis: Beteiligung am Gewinn und Verlust, an den stillen Reserven, am
Geschäftswert).

▶ Unternehmerinitiative.

Die Unternehmerinitiative kann sich in Geschäftsführungsbefugnissen,
aber auch in bloßen Kontroll- und Vetorechten ausdrücken.

Ob eine Person als MU anzusehen ist, ergibt sich aus der Gesamtwürdi-
gung (!) der drei genannten Tatbestandsmerkmale. Während das Gesellschaftsverhältnis zwingend vorhanden sein muss, können sich Unternehmerrisiko und Unternehmerinitiative in der Stärke ihrer Ausprägungen
gegenseitig substituieren.

Im Fall 29 würde, da zwar ein Gesellschaftsverhältnis gegeben ist, aber
Unternehmerrisiko und -initiative nur rudimentär ausgeprägt sind, keine
MUstellung vorliegen. Die Rechtsfolge ist, dass Z auch keine Einkünfte
aus Gewerbebetrieb erzielt, sehr wohl aber Einkünfte aus Kapitalvermögen nach § 20 Abs. 1 Nr. 4 EStG.

Fall 30

Wie Fall 29, Z ist aber auch an den Erfolgen und stillen Reserven beteiligt.
Bei zentralen unternehmerischen Entscheidungen hat er ein Vetorecht.
Hier sind MUrisiko und MUinitiative so stark ausgeprägt, dass Z als MU
(so genannte atypische stille Beteiligung) anzusehen ist. Er erzielt daher
auch Einkünfte aus Gewerbebetrieb.

Fall 31

X ist Kommanditist der XY-Autohandels-KG. Erzielt er mit seinem
Gewinnanteil Einkünfte aus Gewerbebetrieb?

Ein nach außen erkennbares Gesellschaftsverhältnis liegt eindeutig
vor, ein Unternehmerrisiko ist vorhanden, wenn auch auf die Einlage
begrenzt, die Unternehmerinitiative ist auf die gesetzlichen Kontroll- und
Vetorechte des Kommanditisten begrenzt. Der BFH nimmt unter Gesamt-
würdigung der drei Tatbestandsmerkmale an, dass Kommanditisten i.d.R.
MU sind.

2 Schuldrechtliche Beziehungen zwischen MU und MUschaft

Die MUschaft ist weder Steuersubjekt noch Rechtsperson. Dennoch besitzt sie eine „Quasi-Rechtsfähigkeit", die es ihr erlaubt, mit den eigenen MU schuldrechtliche Beziehungen einzugehen. Als Einkünfte aus Gewerbebetrieb haben die MU gemäß § 15 Abs. 1 Nr. 2 S. 1 EStG

▶ ihre Gewinnanteile und
▶ die Vergütungen für die Tätigkeit im Dienst der MUschaft, die Hingabe von Darlehen oder die Überlassung von Wirtschaftsgütern

zu versteuern (bitte unbedingt lesen und markieren!). Folgen von dieser Einkünftequalifikation sind insbesondere, dass auf die Einkünfte GewSt anfällt und dass Veräußerungserfolge (z.B. aus dem vermieteten Grundstück) der ESt und GewSt unterliegen.

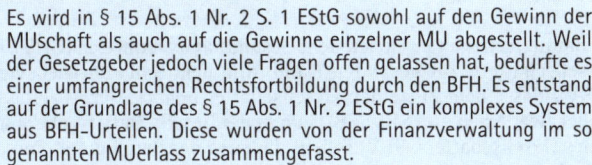

Es wird in § 15 Abs. 1 Nr. 2 S. 1 EStG sowohl auf den Gewinn der MUschaft als auch auf die Gewinne einzelner MU abgestellt. Weil der Gesetzgeber jedoch viele Fragen offen gelassen hat, bedurfte es einer umfangreichen Rechtsfortbildung durch den BFH. Es entstand auf der Grundlage des § 15 Abs. 1 Nr. 2 EStG ein komplexes System aus BFH-Urteilen. Diese wurden von der Finanzverwaltung im so genannten MUerlass zusammengefasst.

Bitte lesen Sie Teil II und VIII des MUerlasses (BMF-Schreiben vom 20.12.1977, BStBl. I 1978, Tz. 4–20 und 81–88)

Obwohl der MUerlass keine Rechtsnorm darstellt, sollte er beachtet werden, weil er sich auf die von der Rechtsprechung entwickelten Grundsätze zur Besteuerung der MUschaften stützt. Er ist allerdings in Teilen durch die geänderte Rechtslage inzwischen überholt und wurde daher außer Kraft gesetzt! Die Teile II und VIII entsprechen jedoch noch heute dem geltenden Recht.

Der BFH hat aus § 15 Abs. 1 Nr. 2 S. 1 EStG einen zweistufigen Aufbau der Steuerbilanz abgeleitet. Zunächst knüpft die Besteuerung der MU an die Steuerbilanz der MUschaft (§ 5 Abs. 1 EStG) nebst GuV an. Man spricht hier auch von der steuerlichen Gesamthandsbilanz oder Steuerbilanz 1. Stufe, in der das Gesamthandsvermögen der MUschaft (es gehört der Gesamtheit der Gesellschafter) ausgewiesen wird. Sofern die MUschaft einem MU eine Vergütung für seine Tätigkeit, für die Hingabe von Darlehen oder für die Überlassung von Wirtschaftsgütern gewährt, ist für diesem MU von diesem zusätzlich eine Sonderbilanz und Sonder-GuV zu erstellen. Steuerbilanz 1. Stufe und Sonderbilanz(en) zusammen ergeben dann die Steuerbilanz 2. Stufe.

Fall 32

An der gewerblich tätigen X-Y KG sind die MU X und Y beteiligt. X hat der KG ein mit einer Grundschuld belastetes Grundstück und ein altes Seil vermietet. Die KG hat auf dem Grundstück einen Bungeekran errichtet, von dem sich Besucher für viel Geld in die Tiefe stürzen können. Y hat, um seine Beteiligung finanzieren zu können, einen Kredit aufgenommen. In welchem steuerlichen Betriebsvermögen sind die Wirtschaftsgüter zu erfassen?

Man unterscheidet zwischen dem Gesamthandsvermögen (GHV), das den Gesellschaftern zur gesamten Hand, und dem Sonderbetriebsvermögen (SBV), das einem einzelnen Gesellschafter gehört. Der MUerlass nennt dabei zwei Arten von SBV: SBV I dient der Gesellschaft, ist aber Eigentum eines Gesellschafters. SBV II dient dagegen der Beteiligung eines Gesellschafters an der Gesellschaft; nicht in erster Linie dem Betrieb.

In Fall 32 stellt der Kran GHV dar. Das Seil, das Grundstück und die Grundschuld sind SBV I des X und das Bankdarlehen ist SBV II des Y. Entsprechend sind die damit verbundenen Betriebseinnahmen und Betriebsausgaben in der SteuerGuV 1. Stufe bzw. in den SonderGuV der MU zu erfassen.

Fall 33

Die gewerblich tätige X-Y OHG weist am 1.1. ein Eigenkapital von 1.900.000 (je 50%) und Bankverbindlichkeiten von 3.000.000 € aus, für die im Wirtschaftsjahr 10% Zinsen gezahlt werden. Die Summe der Aktiva beträgt 4.900.000 €. Im Laufe des Jahres erzielt die OHG Umsatzerlöse in Höhe von 500.000 € und hat Betriebsausgaben von 180.000 € (zuzüglich Zinsaufwand in Höhe von 300.000 €). Am 1.1. nimmt die OHG ein Darlehen in Höhe von 100.000 € bei X auf, für das die Zinsen (10%) erst zu Beginn des Folgejahrs gezahlt werden. X hat das Darlehen eigenfinanziert. Wie sehen die Steuerbilanzen und SteuerGuV zum 31.12. aus und wie hoch sind die Einkünfte der MU?

In der SteuerGuV 1. Stufe stehen dem Umsatz der OHG ihre Betriebsausgaben gegenüber. Aufgrund des Realisationsprinzips ist der Zahlungszeitpunkt für den Zinsaufwand irrelevant. Die Betriebsausgaben betragen somit 490.000 €. Im Wirtschaftsjahr wird folglich ein Jahresüberschuss von 10.000 € erwirtschaftet, von dem jeder Gesellschafter 50 % erhält. Die GesamthandsGuV enthält also den Gewinn der OHG (§ 15 Abs. 1 Nr. 2 1. Halbsatz EStG). Er erhöht anteilig das Eigenkapital der MU (EK-X und EK-Y je 955.000 €). Daneben sind in der Steuerbilanz 1. Stufe die Darlehensverbindlichkeiten (3.100.000 €) und die Zinsverbindlichkeit (10.000 €) zu passivieren.

Für Gesellschafter X sind zusätzlich eine SonderGuV, in der seine Sonderbetriebseinnahmen und -ausgaben erfasst werden, sowie eine Sonderbilanz zu erstellen, in der sein SBV ausgewiesen wird. In der Sonderbilanz des X werden die Darlehens- und die Zinsforderung gegenüber der OHG aktiviert. Das Eigenkapital beträgt dort also 110.000 €. In seiner SonderGuV weist er den Zinsertrag und damit einen Gewinn i.H.v. 10.000 € aus. Die SonderGuV enthält also den Gewinn aus der Geschäftsbeziehung des X mit der OHG (§ 15 Abs. 1 Nr. 2 2. Halbsatz EStG).

X muss also sowohl seinen Gewinnanteil von 5.000 € als auch seinen Zinsertrag i.H.v. 10.000 € als Einkünfte aus Gewerbebetrieb versteuern. Y versteuert dagegen nur seinen Gewinnanteil von 5.000 €.

Leitsatz 5

Steuerbilanz und Steuer – GuV 1. und 2. Stufe

Die Gewinnermittlung in einer MUschaft erfolgt zweistufig.
In einer ersten Stufe wird der Gewinn (oder Verlust) der MUschaft **einheitlich** ermittelt und auf die MU verteilt. Schuldrechtliche Verträge zwischen MUschaft und MU werden dabei zunächst anerkannt.
In einer zweiten Stufe werden die Sonderbetriebsgewinne (oder -verluste) der einzelnen MU **gesondert** ermittelt. Von der MUschaft bezogene Tätigkeitsvergütungen, Mieten und Darlehenszinsen sind Sonderbetriebseinnahmen. Die entsprechenden Wirtschaftsgüter sind SBV I oder II.

> Zur Ermittlung der Einkünfte aus Gewerbebetrieb eines MU werden gemäß § 15 Abs. 1 Nr. 2 S. 1 EStG die Gewinnanteile des MU aus der SteuerGuV 1. Stufe und sein Gewinn aus der SonderGuV zusammengefasst (so genannte einheitliche und gesonderte Gewinnfeststellung gem. §§ 179 ff. AO).

3 Gewerblich infizierte und geprägte Personengesellschaften

Fall 34

X und seine Frau Y sind Tierärzte und betreiben eine Tierarztpraxis. Im Rahmen dieser Tätigkeit verkaufen sie auch an Landwirte Arzneimittel. Aufgrund der großen Nachfrage erwirtschaftet das Unternehmen bereits 20 % seiner Umsätze mit dem Pharmahandel. Welche Einkünfte erzielen X und Y?

Grundsätzlich kommen Einkünfte aus Gewerbebetrieb und aus selbständiger Arbeit in Frage. Die Tierarzttätigkeit ist ein Katalogberuf nach § 18 Abs. 1 Nr. 1 EStG. Der Arzneimittelhandel ist aber gewerblich. § 15 Abs. 3 Nr. 1 EStG schreibt hier vor, dass die Tätigkeit einer Personengesellschaft in vollem Umfang (!) als gewerblich qualifiziert wird, wenn die Gesellschaft auch (d.h. unter anderem) eine gewerbliche Tätigkeit ausübt. Demnach sind die Einkünfte des X und der Y vollständig gewerblich (Abfärbetheorie). Man nennt solche MUschaften auch gewerblich infizierte Personengesellschaften

Fall 35

X und Y geben daraufhin den Arzneimittelhandel wieder auf und sind ausschließlich freiberuflich tätig. Bis eines Tages X einem Patienten ein Flohhalsband für 10 € verkauft. Wird die Praxis damit zum Gewerbebetrieb?

Bei wörtlicher Auslegung des § 15 Abs. 3 Nr. 1 EStG schon. Allerdings legt der BFH die Norm teleologisch aus und meint, dass bei lediglich geringfügiger gewerblicher Tätigkeit die Umqualifizierung des § 15 Abs. 3 Nr. 1 EStG nicht greift (so z.B. bei 1,25 % der Gesamtumsätze, weil ansonsten ein Verstoß gegen den Verhältnismäßigkeitsgrundsatz vorläge: BFH vom 11.8.1999, XI R 12/98, BStBl. II 2000, S. 229-230). Wo die exakte Grenze liegt, sagt der BFH nicht.

Um der Gefahr einer gewerblichen Infizierung zu entgehen, bietet es sich an, beide Unternehmen organisatorisch und buchhalterisch zu trennen.

Zuletzt sei darauf hingewiesen, dass die Umqualifizierung auch dann greift, wenn gewerbliche Einkünfte i.S.d. § 15 Abs. 1 S. 1 Nr. 2 EStG bezogen werdern (z.B. duch Beteiligung an einer gewerblichen MUschaft), so § 15 Abs. 3 Nr. 1 letzter Halbsatz EStG.

Fall 36

X und Y haben gemeinsam ein Haus geerbt, das sie nunmehr gemeinsam vermieten. Sie gründen die X-Y-Hausverwaltungs KG und legen das Haus in das BV ein. X ist Komplementär und Y ist Kommanditist. Welcher Einkunftsart unterliegen sie?

Natürlich erzielen sie Einkünfte aus Vermietung und Verpachtung. Wie sie aus Lektion 3 wissen, müssen für gewerbliche Einkünfte die Positiv- und Negativmerkmale des § 15 Abs. 2 EStG erfüllt sein. Hier ist aber eine bloße Vermögensverwaltung gegeben.

Fall 37

Wie Fall 36. Nachdem ein erster Mieter eine Klage gegen die KG wegen dauerhafter gesundheitlicher Beeinträchtigungen aufgrund der weißen feuchten Stellen im Wohnzimmer gewonnen hat, wird die KG umstrukturiert. X wird (wie Y) Kommanditist. Komplementär wird eine GmbH, an der X und Y zu je 50 % beteiligt sind. Damit sind Haftungsfälle künftig beschränkt. Hat dies Folgen für die Einkünftequalifizierung?

Ja. § 15 Abs. 3 Nr. 2 EStG qualifiziert die Einkünfte aus einer nicht gewerblichen GmbH & Co. KG in Einkünfte aus Gewerbebetrieb um, wenn lediglich eine Kapitalgesellschaft unbeschränkt haftet. X und Y erzielen nun Einkünfte aus Gewerbebetrieb. Der Gesetzgeber spricht von einer gewerblich geprägten Personengesellschaft

Bedenken Sie die Folgen: Die KG wird gewerbesteuerpflichtig. Die Anteile von X und Y an der GmbH werden SBV. Damit werden Erfolge bei Veräußerung des Grundstücks und der GmbH-Beteiligungen versteuert und, wenn die GmbH Dividenden ausschüttet, werden diese ebenfalls zu Einkünften aus Gewerbebetrieb! Sie sollten diesen

Hinweis nochmals lesen, wenn Sie das ganze Buch durchgearbeitet haben. Erst dann werden Sie die ganze Tragweite verstehen können.

4 Verluste bei beschränkter Haftung

§ 15a EStG dient der Begrenzung der Verlustzuweisung. Er wurde als Missbrauchsnorm gegen so genannte Abschreibungs- oder Verlustzuweisungsgesellschaften geschaffen, die meist als KG (GmbH & Co. KG) konzipiert sind.

Der Sinn dieser MUschaften besteht darin, den beschränkt haftenden Gesellschaftern (Kommanditisten) Verlustzuweisungen aus Verlusten der KG und damit ESt-Ersparnisse zu ermöglichen. Da diese Verlustzuweisungen die Einlage weit übersteigen können, waren die Steuervorteile der Gesellschafter früher unter Umständen höher als die Anschaffungskosten ihrer Beteiligung. D.h., die Gesellschafter würden mehr Steuern sparen als ihre Beteiligung gekostet hat. Dies soll § 15a EStG verhindern. Zunächst zur Funktionsweise einer Abschreibungsgesellschaft ohne Berücksichtigung von § 15a EStG:

■ Fall 38

Der ledige Arzt X (Einkünfte nach § 18 EStG) erzielt im Veranlagungszeitraum 2008 voraussichtlich ein zvE von 100.000 €. Das entspricht einer Steuerschuld von 34.086 €, die er nun verringern will. Er bekommt das Angebot, mit einer Einlage von 25.000 € Kommanditist einer GmbH & Co. KG zu werden.

Der Zweck dieser KG ist es, einen Film zu drehen und anschließend zu vermieten. Da es sich dabei um ein selbst erstelltes immaterielles Wirtschaftsgut des Anlagevermögens handelt, dürfen die Ausgaben gemäß § 5 Abs. 2 EStG nicht aktiviert werden. Im Entstehungsjahr fallen Betriebsausgaben für die Produktion des Films (z.B. Material-, Personal-, Logistikkosten) und z.B. für Kreditzinsen an. Umsätze werden bislang nicht erzielt. Der deshalb entstehende Verlust wird nach Kapitalanteilen verteilt. X werden z.B. 75.000 € Verlustanteil zugerechnet. Fraglich ist, ob X wirklich um 75.000 € ärmer geworden ist. Da Kommanditisten nur mit ihrer Einlage (hier: 25.000 €) haften, können sie maximal diese verlieren. Später kann der Film ein großer Erfolg werden und X erhält möglicherweise einen Gewinn zugewiesen, der diesen Anfangsverlust übersteigt. Was passiert aber, wenn der Film ein Flop wird? Aufgrund des Verlustes mindern sich die Einkünfte des X um 75.000 € (zvE = 25.000 €). D.h. X spart ESt in Höhe von 29.815 €, obwohl er nur eine KG-Einlage von 25.000 € geleistet hat, um die er nun ärmer geworden ist.

> Dieser Effekt soll durch § 15a EStG verhindert werden. Gemäß § 15a Abs. 1 EStG dürfen Verluste nur in Höhe der Haftungseinlage berücksichtigt werden.

In Fall 38 könnte X also nur 25.000 € als Verlust geltend machen. Das Kapitalkonto des beschränkt haftenden Kommanditisten wird also einkommensteuerlich nicht anerkannt, soweit es durch Verluste unter Null sinkt. Dadurch hätte er nur noch einen Steuervorteil von 10.500 €.

Falls, wie im Fall 38, ein negatives Kapitalkonto entsteht, mindert der weitergehende Verlust gemäß § 15a Abs. 2 EStG die Gewinne aus dieser KG-Beteiligung in späteren Wirtschaftsjahren. Wenn X also im nächsten Jahr einen Gewinn aus der KG erzielt, kann er diesen Verlust damit verrechnen. Diese Verlustverrechnungsbeschränkung betrifft nur das GHV. SBV ist nach Ansicht des BFH durch § 15a EStG nicht betroffen. Gewinne im SBV dürfen für die Berechnung auch nicht mit Verlusten aus dem GHV verrechnet werden.

Um die Gestaltungsmöglichkeiten zu reduzieren, hat der Gesetzgeber in § 15a Abs. 5 EStG Fälle definiert, für die die Begrenzung der Verlustzuweisung sinngemäß gelten soll. Er gilt z.B. auch für stille Gesellschafter, BGB-Gesellschafter oder Gesellschafter von ausländischen Personengesellschaften. Zusätzlich hat der Gesetzgeber analoge Vorschriften zu § 15a EStG geschaffen, wie z.B. § 13 Abs. 7 EStG, § 18 Abs. 4 S. 2 EStG, § 20 Abs. 1 Nr. 4 S. 2 EStG und § 21 Abs. 1 S. 2 EStG. Um auch noch die letzten vermeintlichen Steuerschlupflöcher zu schließen, wurde § 15b EStG kodifiziert, der die Verluste im Zusammenhang mit so genannten Steuerstundungsmodellen einer gesonderten Verrechnungsbeschränkung unterwirft.

5 Option zur begünstigten Besteuerung

Mit der Unternehmensteuerreform 2008 wurde die Möglichkeit einer steuerlichen Entlastung für Gewinneinkunftsarten geschaffen, um sie an das Besteuerungsniveau von Kapitalgesellschaften (vgl. Lektion 7) anzunähern. Nach § 34a EStG können nicht entnomme Gewinne „begünstigt" besteuert werden. Wird diese antragsgebundene Option (Wahlrecht!) in Anspruch genommen, werden die nichtentnommenen Gewinne nicht mit dem persönlichen Einkommensteuersatz nach dem Tarif (§ 32a EStG), sondern nach § 34a Abs. 1 EStG mit pauschal 28,25 % versteuert.

■■■ Fall 39

Der Gewinn des Einzelunternehmers X in FF (H = 380%) beträgt vor Steuern 500.000 €. Wie hoch ist die Gesamtsteuerbelastung, wenn X beschließt, das gesamte Einkommen im Unternehmen zu belassen und die Option zur begünstigten Besteuerung nach § 34a Abs. 1 EStG wählt?

Die Frage ist nur scheinbar leicht zu beantworten. Für die Ermittlung der ESt ist es aber wichtig zu wissen, welcher Anteil „thesauriert" wird. Da X ESt und Soli aus seinem Gewinn zahlen muss, wird zumindest dieser Teil des Einkommens nicht thesauriert, sondern (buchhalterisch) entnommen und an den Fiskus überwiesen. Wenn er aber entnommen wird, kann X nicht darauf die begünstigte Besteuerung anwenden. Darüber hinaus ist die Gewerbesteuer eine nichtabzugsfähige Betriebsausgabe, die an den Fiskus abzuführen ist. Damit kann auch auf diesen Einkommensteil die Begünstigung nicht angewendet werden. Damit ist die Berechnung doch etwas komplizierter als X vermutet.

Die GewSt beträgt (0,035 · 500.000 € · 3,8 =) 66.500 €. Um diesen Anteil zu ermitteln, muss bekannt sein, wie hoch der nicht thesaurierte Anteil ist, also die Höhe der GewSt und die insgesamt zu zahlenden ESt. Damit erzeugt der Gesetzgeber (unbewusst?) ein Zirkelproblem, dass mit Hilfe eines Iterationsverfahrens gelöst werden kann. Es ergibt sich folgende Besteuerung:

zvE		500.000 €
GewSt		– 66.500 €
thesauriertes zvE	339.741 €	
zvE, für das § 32a EStG gilt	160.259 €	—
ESt § 34a Abs. 1EStG		– 95.977 €
§ 32a Abs. 1EStG		– 59.394 €
Anrechnung (§ 35 EStG)		66.500 €
ESt		– 88.871 €
SolZ		– 4.888 €
Gesamtsteuerbelastung		**160.259 €**

Irgendwann wird der Gewinn entnommen werden. Dann unterliegt der begünstigt besteuerte Anteil der so genannten Nachversteuerung. D. h. auf den bis dahin thesaurierten Gewinn wird bei Entnahme zusätzlich eine ESt i.H.v. pauschal 25% (vgl. § 34a Abs. 4 EStG) zzgl. SolZ erhoben. Dabei kann die anteilig auf den thesaurierten Gewinn angefallene ESt einschließlich SolZ abgezogen werden.

Weiterhin

■■■ Fall 39

Der thesaurierte Gewinn wird nach einem Jahr entnommen. Wie hoch sind die ESt und der SolZ?

Von dem thesaurierten Gewinn in Höhe von 339.741 € ist die ESt einschließlich SolZ, die nach § 34a Abs. 1 EStG anfällt, abzuziehen. Somit beträgt der Begünstigungsbetrag (339.741 € – 95.977 € – 5.279 € =) 238.485 €. Dieser wird mit 25 % plus Soli nachversteuert. X hat 59.621 € ESt und 3.279 € SolZ zu zahlen.

■■■ Fall 40

X hat eine Idee. Er erzählt der Sachbearbeiterin bei seinem zuständigen Finanzamt, dass er nicht den vor einem Jahr begünstigt besteuerten Gewinn entnommen hat, sondern einen älteren, der regulär besteuert wurde. Wie wird der Fiskus reagieren?

X wird mit seiner Idee leider keinen Erfolg haben. Für die Ermittlung des Nachversteuerungsbetrages ist das Lifo-Verfahren anzuwenden. Überlegen Sie nun bitte, für wen die Anwendung von Vorteil sein wird?

Weiterhin

▬▬ Fall 41

Nun stellt sich X die Frage, wie viel ESt und SolZ er denn mithilfe des § 34a EStG gespart hat?

Bei einer Inanspruchnahme des § 34a EStG fallen insgesamt 148.492 € ESt und 8.167 € SolZ an. Wählt X nicht die Option zur begünstigten Besteuerung, zahlt er lediglich 143.086 € ESt und 7.869 € SolZ, d.h. er spart insgesamt 5.704 €, wenn er nicht optiert!

Wie bereits an diesem einfachen Beispiel ersichtlich ist, ist die Option zur „begünstigten" Besteuerung nicht unbedingt günstiger für den Steuerpflichtigen. Ein Vorteil kann sich lediglich ergeben, wenn der Gewinn sehr lange thesauriert wird, weil dann der Steuerbarwert aus der Nachversteuerung sinkt.

6 Fremdfinanzierungsaufwendungen

Mit dem seit dem VZ 2008 geltenden § 4h EStG schränkt der Gesetzgeber die Abziehbarkeit von Zinsaufwendungen als Betriebsausgaben ein. Danach sind Zinsaufwendungen eines Betriebes in Höhe des Zinsertrages desselben Wirtschaftsjahres unbeschränkt abziehbar. Darüber hinausgehende Zinsaufwendungen dürfen jedoch nur bis zur Höhe von 30 % des EBITDA (earnings before interest, taxes and depreciation und amortization, d.h. das handelsrechtliche Jahresergebnis erhöht um den Zinssaldo, Steueraufwand und Abschreibungen) abgezogen werden. Diese Begrenzung (die so genannte Zinsschranke) gilt jedoch nicht, wenn der die Zinserträge übersteigende Zinsaufwand kleiner als eine Mio. € ist (Kleinbetriebsklausel in Form einer Freigrenze nach § 4h Abs. 2 a) EStG) oder der Betrieb nicht oder anteilmäßig zu einem Konzern gehört (Konzernklausel nach § 4h Abs. 2 b) EStG). Gehört der Betrieb zu einem Konzern dürfen die nichtabzugsfähigen Zinsaufwendungen nur berücksichtigt werden, wenn die Eigenkapitalquote des Betriebs max. 1 % geringer ist als die Eigenkapitalquote des Konzerns am Schluss des vorangegangenen Wirtschaftjahres (Öffnungsklausel nach § 4h Abs. 2 c) EStG).

Fall 42

Der Einzelunternehmer X erzielt einen Gewinn vor Steuern, Zinsen und Abschreibungen von 3.000.000 €. Insgesamt hat er Zinsen in Höhe von 1.500.000 € gezahlt. Wie hoch ist der ergebniswirksame Anteil der Zinsen im betrachteten VZ im Rahmen der ESt?

X kann die Zinsen i. H. v. 1.500.000 € als abzugsfähige Betriebsausgaben bei der Berechnung der ESt ansetzen. Obwohl der Zinssaldo (d.h. die Zinsaufwendungen (1 Mio. €) abzüglich Zinserträge (0 €)) die Freigrenze von eine Mio. € übersteigt und die Schranke von mehr als 30 % des EBITDA verletzt wird, kann X die gesamten Zinsen gewinnmindern ansetzen, weil sie die Voraussetzungen eines Konzerns nicht vorliegen (Konzernklausel).

Der ggf. nicht abzugsfähige Teil der Zinsaufwendungen darf zeitlich unbegrenzt vorgetragen werden (Zinsvortrag nach § 4h Abs. 1 S. 2 EStG i. V. m. § 8 Abs. 1 EStG), solange der Betrieb nicht übertragen oder aufgelöst wird. D. h. eine Verrechnung des Nettozinsaufwandes mit zukünftigen Perioden ist nur möglich, wenn der Steuerpflichtige identisch ist (Personenidentität).

Fall 43

Die XY-OHG ist Teil des weltweit agierenden XYZ-Konzerns. In den Jahren 2008 bis 2011 hat die XY-OHG jährlich Zinsaufwendungen i.H.v. 3.000.000 € zu tragen. Das EBITDA beträgt bis 2010 jährlich 9.000.000 € und 2011 12.000.000 €. Am 1.1.2012 werden 50 % der OHG an Z verkauft. Wie hoch ist der Teil der Zinsaufwendungen, der nicht verrechnet werden kann?

Von 2008 bis 2010 sind jährlich max. 2.700.000 € Zinsaufwendungen abziehbar. Die verbleibenden 300.000 € jährlich dürfen vorgetragen werden. Im Jahr 2011 hat die OHG ein EBITDA von 12.000.000 €, d.h. des dürfen 3.600.000 € abgezogen werden. Der zu verrechnenden Nettozinsaufwand beträgt allerdings (3.000.000 Zinsaufwand + 900.000 Zinsvortrag =) 3.900.000 €. Es verbleiben somit 300.000 €, die nach 2012 noch vorgetragen werden können. Da 50 % der Anteile in 2012 verkauft werden, sind 150.000 € nicht mehr verrechenbar und gehen endgültig verloren. Zu untersuchen wäre allerdings, ob die Öffnungsklausel nach § 4h Abs. 2 c) EStG nicht gegolten hat.

Hier ist das letzte Wort noch nicht gesprochen (oder eher geschrieben). Weitere Besonderheiten für Kapitalgesellschaften werden in Lektion 8 dargestellt.

Lektion 5: Die Überschusseinkunftsarten

1 Überschussermittlung

Gemäß § 2 Abs. 2 Nr. 2 EStG werden die Einkünfte aus nichtselbständiger Arbeit, aus Kapitalvermögen, aus Vermietung und Verpachtung sowie die sonstigen Einkünfte als Überschuss der Einnahmen (§ 8 EStG) über die Werbungskosten (§ 9 EStG ermittelt. Hierbei gelten das Zu- und Abflussprinzip des § 11 EStG; d.h. Einnahmen und Werbungskosten sind in dem Zeitpunkt steuerlich zu erfassen, zu dem sie zu- bzw. abgeflossen sind. Ausnahmen bilden Ausgaben für Wirtschaftsgüter über 410 € (ohne USt), die längerfristig selbständig nutzbar sind (z.B. PC). Dann werden gemäß § 9 Abs. 1 S. 3 Nr. 7 EStG die planmäßigen Abschreibungen als Werbungskosten angesetzt.

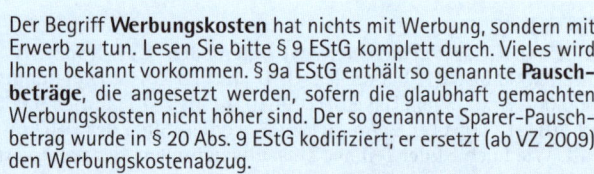

Der Begriff **Werbungskosten** hat nichts mit Werbung, sondern mit Erwerb zu tun. Lesen Sie bitte § 9 EStG komplett durch. Vieles wird Ihnen bekannt vorkommen. § 9a EStG enthält so genannte **Pauschbeträge**, die angesetzt werden, sofern die glaubhaft gemachten Werbungskosten nicht höher sind. Der so genannte Sparer-Pauschbetrag wurde in § 20 Abs. 9 EStG kodifiziert; er ersetzt (ab VZ 2009) den Werbungskostenabzug.

Die Überschusseinkünfte aus nichtselbständiger Arbeit und aus Kapitalvermögen werden bereits an der „Quelle", z.B. beim Arbeitgeber oder dem auszahlenden Kreditinstitut, durch Quellenabzüge (Lohn-, Kapitalertrag- oder Zinsabschlagsteuer) erfasst, bevor sie beim Empfänger ankommen.

2 Bestimmung der Überschusseinkunftsarten

2.1 Einkünfte aus nichtselbständiger Arbeit

Den Einkünften aus nichtselbständiger Arbeit unterliegen nach § 19 Abs. 1 Nr. 1 EStG Arbeitnehmer. Dies sind i. d. R. Arbeiter, Angestellte und Beamte, aber ebenso Praktikanten und andere Personen, die unter der Leitung eines Arbeitgebers weisungsgebunden einen Dienst verrichten (§ 1 LStDV). In der Praxis kann gelegentlich die Abgrenzung zu selbständig Tätigen auf Honorarbasis (z.B. Werkverträge) schwierig sein. Hierauf wurde bereits in Lektion 3 (§ 15 Abs. 2 EStG) hingewiesen.

■ Fall 44

Um sich seinen eigenen Skiurlaub zu finanzieren, arbeitet X im Februar in einer Skischule als Snowboardlehrer. Hierfür erhält er eine kostenlose Saisonkarte für das Skigebiet und täglich einen Jagatee im Wert von drei €. X sieht keine Notwendigkeit, diese Vorteile nach § 19 EStG zu versteuern. Und Sie?

Dies sollte er aber. Gemäß § 19 Abs. 1 Nr. 1 EStG gehören zum Arbeitslohn alle Bezüge und geldwerten Vorteile, die für die Tätigkeit gewährt werden. Erinnern Sie sich an die goldene Armbanduhr in Fall 10? Sachbezüge werden dabei mit dem Wert angesetzt, der sich aus § 8 Abs. 2 EStG ergibt. § 8 Abs. 3 gewährt jedoch einen Jahresfreibetrag i.H.v. 1.080 €. Wer übrigens der Meinung ist, dass der Fiskus das mit dem Job nicht merkt, sollte den Gedanken schnell wieder verwerfen. Zum einen läge ein Fall von Steuerhinterziehung vor und zum anderen wäre sie auch erfassbar. Wenn etwa der Skischulunternehmer die Aufwendungen als Betriebsausgaben ansetzt, muss nur noch sein Finanzamt eine Kontrollmitteilung an das für X zuständige Finanzamt schicken.

■ Fall 45

Wie Fall 44. Wenn X schon die Einnahmen der ESt unterwerfen muss, will er wenigstens das Snowboard als Werbungskosten geltend machen. Kann er das?

Grundsätzlich darf er Werbungskosten geltend machen. Sofern er glaubhaft macht, dass er das Snowboard ausschließlich oder fast ausschließlich beruflich gebraucht (eingehend hierzu Lektion 6), steht dem nichts im Wege.
Zur Vereinfachung der anrechenbaren Werbungskosten räumt der Gesetzgeber in § 9a Nr. 1 EStG jedem Arbeitnehmer einen Werbungskostenpauschbetrag i.H.v. 920 € ein. Wenn die tatsächlichen Werbungskosten nicht höher sind, wird von Amts wegen der Pauschbetrag angesetzt. Will X mehr als 920 € absetzen, muss er die gesamten Werbungskosten glaubhaft machen.

Neben den Bezügen aus einer aktuellen unselbständigen Tätigkeit werden durch § 19 Abs. 1 EStG auch solche aus früheren Dienstverhältnis-
sen erfasst, selbst wenn sie einem Rechtsnachfolger zufließen (z.B. eine
betriebliche Witwenrente). Sofern es sich um Versorgungsbezüge nach
§ 19 Abs. 2 EStG handelt, sind hiervon 38,5 %, aber maximal 3.588 €
steuerfrei, wenn der Bezugsbeginn im VZ 2007 liegt.

Fall 46

X ist erbost. Nicht nur, dass das Rentenniveau immer weiter sinkt. Nun
soll er auch noch Steuern darauf zahlen.

Bei der Rentenbesteuerung muss man differenzieren. § 19 Abs. 1 Nr. 2
EStG erfasst Bezüge, die für die früher erbrachte Arbeitsleistung gezahlt
werden. Dies sind vor allem Beamtenpensionen und Betriebsrenten. Renten aus der gesetzlichen Rentenversicherung fallen hingegen nicht unter
§ 19 EStG, sondern unter die sonstigen Einkünfte nach § 22 Nr. 1 S. 3 a)
EStG; dazu aber später.

Fall 47

X vereinbart mit seinem neuen Arbeitgeber einen Lohn von 2.500 € pro
Monat. Als er allerdings auf seinem Girokonto den Zahlungseingang
prüft, wird er blass. Warum?

Der Arbeitgeber ist gesetzlich verpflichtet, vom Bruttolohn Abzüge für
den Arbeitnehmer vorzunehmen. Hierzu zählen zunächst die gesetzlichen
Sozialversicherungen (Renten-, Kranken-, Pflege- und Arbeitslosenver-
sicherung), aber auch die Lohnsteuer (LSt). Das LSt-Erhebungsverfahren
ist in den §§ 38 ff. EStG geregelt. Die LSt ist eine Vorauszahlung auf die
ESt und wird ebenso wie der Bruttolohn, die abgeführten Sozialversi-
cherungsbeiträge und die Kirchensteuer auf der Lohnsteuerkarte (§ 39
EStG) erfasst, die der Arbeitgeber für den Arbeitnehmer führt. Sie dient
dem Arbeitnehmer im Rahmen der ESt-Veranlagung als Beleg für die
erfolgten Zahlungen, wobei der Arbeitnehmer vom Arbeitgeber inzwischen lediglich eine elektronische Lohnsteuerbescheinigung erhält (§ 41b
Abs. 1 S. 3 EStG).

2.2 Einkünfte aus Kapitalvermögen

§ 20 EStG regelt die Einkünfte aus Kapitalvermögen. Hierbei sollen die Erfolge aus der Überlassung von Kapital erfasst werden, ab VZ 2009 aber auch Erfolge aus der Veräußerung von Wertpapieren. Es lassen sich drei Hauptquellen unterscheiden:

▶ Einnahmen aus Anteilen an bestimmten juristischen Personen (Dividenden) gemäß § 20 Abs. 1 Nr. 1 EStG.

Seit 2002 werden Gewinnausschüttungen gemäß § 20 Abs. 1 Nr. 1 i. V. m. § 3 Nr. 40 d) EStG nur zur Hälfte besteuert, die andere Hälfte ist steuerfrei. Hintergrund der Befreiung ist, dass der Gewinn, aus dem die Dividende gezahlt wurde, bereits bei der Kapitalgesellschaft der KSt unterlag. Das so genannte Halbeinkünfteverfahren (HEV) soll also die Doppelbesteuerung der Gewinne abmildern. Ab VZ 2009 tritt an die Stelle des HEV die abgeltende KESt i.H. v. 25 % gem. § 32d EStG. Sie gilt nur in PV (§ 43 Abs. 5 EStG).

> Beachten Sie, dass gemäß § 3c Abs. 2 EStG bei Anwendung von § 3 Nr. 40 EStG auch nur die Hälfte der mit den Einnahmen in Verbindung stehenden Werbungskosten oder Betriebsausgaben abzugsfähig sind. Ab VZ 2009 ist lediglich ein Sparer-Pauschbetrag i.H.v. 801 € abzugsfähig (§ 20 Abs. 9 S. 1 EStG).

Gemäß § 43 Abs. 1 Nr. 1 i. V. m. § 43a Abs. 1 Nr. 1 EStG wird (bereits bei der Kapitalgesellschaft, die den Gewinn ausschüttet) eine Kapitalertragsteuer (KESt) i. H. v. 25 % erhoben. Die Kapitalgesellschaft führt also die KESt für den Gesellschafter (er ist das Steuersubjekt!) an das Finanzamt ab.

■■ Fall 48

Auf dem Bankkonto von X geht im Jahr 2009 eine Dividendenzahlung i.H.v. 75.000 € ein. Wie hoch sind seine Einnahmen aus Kapitalvermögen?

Da von der Dividende noch 25 % KESt abgeführt wurden, muss die Dividende vor Abzug der KESt 100.000 € betragen haben. Ab VZ 2009 ist durch den Einbehalt der KESt nach § 43 Abs. 1 EStG die Steuerschuld

(25% nach § 32d Abs. 1 EStG) abgegolten, es sei denn, X beantragt ein Veranlagung der Kapitaleinkünfte zusammen mit dem sonstigen Einkommen (§ 32d Abs. 6 EStG). Dies ist nur dann für unseren X günstig, wenn der Steuersatz auf seine Kapitaleinkünfte unter 25% liegt.

Als Dividenden werden nicht nur offene Gewinnausschüttungen ("normale" Dividenden), sondern auch so genannte verdeckte Gewinnausschüttungen (vGA) erfasst. Verdeckte Gewinnausschüttungen kann man als Leistungen einer Kapitalgesellschaft an ihren Gesellschafter skizzieren, die unangemessen hoch sind. Einzelheiten hierzu werden in Lektion 8 erläutert.

▶ Einnahmen aus der Beteiligung als echter stiller Gesellschafter (nicht als MU) gem. § 20 Abs. 1 Nr. 4 EStG.

Die Vergütung, die ein (typischer) stiller Gesellschafter von seiner Gesellschaft für seine Beteiligung erhält, wird durch § 20 Abs. 1 Nr. 4 EStG erfasst. Auch für Einnahmen aus der Beteiligung als stiller Gesellschafter ist von der Gesellschaft KESt (25% gemäß § 43 Abs. 1 Nr. 3 i. V. m. § 43a Abs. 1 Nr. 1 EStG) an den Fiskus abzuführen, die dann auf Antrag dessen ESt-Schuld anrechenbar ist. Auf den so genannten atypischen stillen Gesellschafter wurde bereits in Lektion 4 hingewiesen; dieser hätte als MU Einkünfte aus Gewerbebetrieb.

▶ Einnahmen aus sonstigen Kapitalforderungen jeder Art gem. § 20 Abs. 1 Nr. 7 EStG (z.B. Zinsen).

Hinter dieser unscheinbaren Nummer 7 verbergen sich insbesondere die Zinsen aus Bankguthaben. Das Kreditinstitut hat ab 2009 wiederum eine KESt i.H.v. 25% einzubehalten.

▬▬ Fall 49

Auf dem Bankkonto von X gehen im Jahr 2009 Zinsen i. H. v. 900 € ein. Wie hoch sind seine Einnahmen aus Kapitalvermögen?

Da die Bank bereits 25% KESt an das Finanzamt abgeführt hat, waren seine Zinseinnahmen vor KESt 1.200 €. Damit ist seine Steuerpflicht abgegolten, sofertn er nicht wieder einen Antrag auf Veranlagung gem. § 32d Abs. 6 EStG stellt.

▶ Gewinne aus der Veräußerung von Wertpapieren (z.B. Aktien) gem. § 20 Abs. 2 Nr. 1 EStG.

Ab VZ 2009 entfällt die bisherige Veräußerungsfrist für die Steuerbarkeit von Gewinnen aus privaten Veräußerungensgeschäften mit Wertpapieren. Künftig stellen die Gewinne immer Einkünfte aus Kapitalvermögen dar. Der Gewinn wird dabei in Anlehnung an § 20 Abs. 4 EStG als die Differenz zwischen den Einnahmen aus der Veräußerung nach Abzug der Aufwendungen, die im unmittelbaren sachlichen Zusammenhang mit der Veräußerung stehen, und den Anschaffungskosten ermittelt.

Von den Einnahmen aus Kapitalvermögen sind nur noch bis Ende 2008 die Werbungskosten oder ein Werbungskostenpauschbetrag (gemäß § 9a Nr. 2 EStG 51 €) abzugsfähig. Hierbei ist zu beachten, dass Werbungskosten, die für Dividenden angefallen sind, auch nur zu 50 % abzugsfähig sind (§ 3c Abs. 2 EStG). Dies folgt nach Ansicht des Gesetzgebers aus der Logik des § 3c Abs. 1 EStG, nach der Ausgaben, die mit steuerfreien Einnahmen in wirtschaftlichem Zusammenhang stehen, nicht steuerlich abgezogen werden dürfen. Darüber hinaus gewährt § 20 Abs. 4 EStG bis Ende 2008 auch einen so genannten Sparerfreibetrag i.H.v. 1.370 €, der nach den Werbungskosten abziehbar ist, sofern die Einkünfte aus Kapitalvermögen dadurch nicht negativ werden. Ab 2009 ist der Abzug von Werbungskosten nicht mehr möglich. Lediglich der Sparer-Pauschbetrag i.H.v. 801 € kann angesetzt werden.

2.3 Einkünfte aus Vermietung und Verpachtung

§ 21 Abs. 1 Nr. 1 EStG erfasst im Wesentlichen die Vermietung von unbeweglichem Vermögen, insbesondere von Grundstücken (also Grund und Boden, Gebäuden und Gebäudeteilen, wie etwa Eigentumswohnungen). Dass für den Gesetzgeber auch Schiffe zum unbeweglichen Vermögen gezählt werden, sofern sie in ein Schiffsregister eingetragen sind, ist eine Randbemerkung wert.

§ 21 Abs. 1 Nr. 2 EStG regelt die Vermietung und Verpachtung von Sachinbegriffen, insbesondere von beweglichem Betriebsvermögen. Sachinbegriffe sind Vermögensgegenstände, die eine organische Gesamtheit bilden, wie z.B. eine Bibliothek oder eine Tankstelle.

§ 21 Abs. 1 Nr. 3 EStG erfasst die Vermietung von Rechten, also die zeitlich begrenzte Überlassung von Urheberrechten, Erfahrungen u. ä. Bei zeitlich unbegrenzter Überlassung läge ein Verkauf vor, der von § 21 EStG nicht erfasst wird.

■■■■ Fall 50

X ist Eigentümer eines Pferdehängers. Da sich gelegentlich befreundete Reiter das Gefährt für ein geringes Entgelt ausborgen, um ihre Lieblinge auf Turniere zu transportieren, ist sich X unsicher, ob er nicht Einkünfte aus Vermietung und Verpachtung erzielt.

X sollte unbesorgt sein. Auch wenn die Pferde während des Transports ein Dach über dem Kopf haben, kann nicht von einem Gebäude im Sinne von § 21 Abs. 1 Nr. 1 EStG die Rede sein. Ebenso liegt keine Sachgesamtheit nach Nr. 2 oder ein vermietetes Recht nach Nr. 3 vor. Da auch die ersten fünf Einkunftsarten nicht einschlägig sind (anders bei einer gewerblichen Vermietung, die die Tatbestandsmerkmale des § 15 Abs. 2 EStG erfüllt), wären von X lediglich noch die sonstigen Einkünfte nach § 22 EStG zu prüfen. Dort wird er übrigens fündig; dazu aber später.

Von den Einnahmen aus Vermietung und Verpachtung sind wiederum die Werbungskosten abzuziehen. Zu beachten ist, dass sich der Werbungskostenabzug auch auf die Abschreibungen eines vermieteten Gebäudes bzw. Gebäudeteils erstreckt.

2.4 Sonstige Einkünfte

§ 22 EStG soll nicht alle Einnahmen erfassen, die es sonst noch gibt. Er enthält eine abschließende Aufzählung so genannter sonstiger Einkünfte. Darunter fallen insbesondere:

▶   Einkünfte aus wiederkehrenden Bezügen, soweit sie nicht zu anderen Einkunftsarten gehören. Hierzu zählen gemäß § 22 Nr. 1 S. 3 a) EStG auch Leibrenten insoweit, als in den einzelnen Bezügen Einkünfte aus Erträgen des Rentenrechts enthalten sind. Auch wenn Versicherungsexperten widersprechen würden, kann man sich den Unterschied zur Pension i. S. v. § 19 EStG wie folgt verdeutlichen: Die gesetzliche Rente erhält X, weil er in die Rentenversicherung eingezahlt hat und nicht für seine Arbeit. Stark vereinfacht ausgedrückt ist sie also die Rückzahlung seiner verzinsten Rentenbeiträge. Daher ist bei der gesetzlichen Rente nur der „Zins"-Anteil (er wird in § 22 Nr. 1 S. 3 a)

EStG Ertragsanteil genannt) steuerpflichtig. Seit der Umstellung der Rentenbesteuerung zum 01.01.2005 beinhaltet § 22 Nr. 1 S. 3a EStG eine Übergangsregelung, wie der steuerpflichtige Teil der Rente zu bestimmen ist. Angestrebt wird ab 2040 eine volle Besteuerung der Renten, denn ab VZ 2025 sind auch die Rentenbeiträge aus dem unversteuerten Einkommen geleistet worden (so genannte nachgelagerte Besteuerung). Den Abzug der Rentenbeiträge regelt § 10 Abs. 1 Nr. 2a EStG.

▶ Nach § 22 Nr. 2 EStG gehören hierzu auch die Einkünfte aus privaten Veräußerungsgeschäften i.S.d. § 23 EStG. Die Besteuerung dieser Veräußerungen betrifft insbesondere Grundstücke und andere Wirtschaftsgüter des PV, außer Wertpapiere, sofern zwischen Anschaffung und Veräußerung nicht mehr als zehn Jahre bzw. nicht mehr als ein Jahr liegen. Zu den Einzelheiten vgl. Lektion 11.

▶ Durch § 22 Nr. 3 EStG werden u. a. Einkünfte aus der gelegentlichen Vermittlung und aus der Vermietung beweglicher Gegenstände erfasst.

▶ § 22 Nr. 5 EStG erfasst vorallem Alterseinkünfte aus der so genannten Riester-Rente, deren Förderung in den §§ 10 a und 79 ff. EStG geregelt ist.

▮▮ Fall 51

Weiterführung von Fall 50. X denkt, dass er wegen § 22 Nr. 3 EStG nun doch die Einnahmen aus der entgeltlichen Überlassung des Pferdehängers versteuern muss. Und Sie?

Das ist auch richtig. Allerdings enthält § 22 Nr. 3 S. 2 EStG eine Bagatellgrenze i.H.v. 256 €.

Leitsatz 6

! **Die Überschusseinkunftsarten**

Bei den Überschusseinkunftsarten werden die Einkünfte grundsätzlich als Differenz zwischen zugeflossenen Einnahmen (§ 8 EStG) und abgeflossenen Werbungskosten (§ 9 EStG) ermittelt. Bei langlebigen Wirtschaftsgütern sind gemäß § 9 Abs. 1 Nr. 7 EStG planmäßige Abschreibungen anzusetzen (Durchbrechung des Zu- und Abflussprinzips des § 11 EStG). Anstatt der Werbungskosten können auch Werbungskostenpauschbeträge nach § 9a EStG zum Abzug gebracht werden, sofern sich dadurch keine negativen Einkünfte

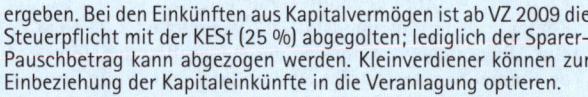

ergeben. Bei den Einkünften aus Kapitalvermögen ist ab VZ 2009 die Steuerpflicht mit der KESt (25 %) abgegolten; lediglich der Sparer-Pauschbetrag kann abgezogen werden. Kleinverdiener können zur Einbeziehung der Kapitaleinkünfte in die Veranlagung optieren.

Lektion 6: Verluste und Kosten der privaten Lebensführung

1 Grundsätzliche Verlustbehandlung

Bei jeder Einkunftsart oder Einkunftsquelle können Verluste entstehen, wenn in einer Periode die Betriebseinnahmen bzw. die Einnahmen kleiner sind als die Betriebsausgaben bzw. Werbungskosten. Diese Verluste können (allerdings begrenzt) mit Gewinnen/Überschüssen, die der Steuerpflichtige erzielt, verrechnet werden. Warum dies so ist, lässt sich leicht verdeutlichen.

▮▮ Fall 52

X und Y sind als Gewerbetreibende tätig. Während Y eine Videothek betreibt, aus der er einen Gewinn i.H.v. 100.000 € erzielt, unterhält X einen Zeitungskiosk (Gewinn 200.000 €) und eine chemische Reinigung (Verlust 100.000 €).

Könnte X den Verlust nicht mit dem Gewinn aus der anderen Einkunftsquelle verrechnen, so würde er bei gleicher Leistungsfähigkeit wie der von Y eine mehr als doppelt so hohe ESt zu zahlen haben. Das Gleiche gilt grundsätzlich auch bei temporären Erfolgsschwankungen.

▮▮ Fall 53

X erzielt in den Veranlagungszeiträumen 2008 und 2009 ein zvE von 0 €. Y erzielt hingegen im ersten Jahr 200.000 € zvE und im zweiten Jahr einen Verlust i.H.v. 200.000 €.

Unabhängig von der Frage, ob X und Y inzwischen verhungert sind, sollten sie eine gleich hohe ESt-Belastung tragen, da sie den gleichen Vermögenszuwachs erzielt haben. Dies ist nur möglich, wenn zwischen den Veranlagungszeiträumen (VZ) eine Verlustverrechnung möglich ist.

Wie aus Übersicht 8 ersichtlich ist, erfolgt die Verlustverrechnung mit anderen (positiven) Einkünften in zwei Stufen.

Übersicht 8: Verlustbehandlung im EStG

1. Stufe: Verlustausgleich nach § 2 EStG   (im gleichen VZ)

  a) interner/horizontaler Verlustaus-
     gleich (innerhalb einer Einkunftsart)

  b) externer/vertikaler Verlustausgleich)
     (zwischen verschiedenen Einkunfts-
     arten)

2. Stufe: Verlustabzug nach § 10d EStG   (in anderen VZ)

  a) Verlustrücktrag (Begrenzung auf
     1 Jahr und 511.500 €)

  b) Verlustvortrag (zeitlich unbegrenzt   (mit Einschränkung)
     auf das jeweils nächstmögliche Jahr)

▶ **1. Stufe: Verlustausgleich**

Im Veranlagungszeitraum der Verlustentstehung können Verluste und Gewinne aus verschiedenen Einkunftsquellen zunächst innerhalb einer Einkunftsart unbegrenzt miteinander verrechnet werden (**interner bzw. horizontaler Verlustausgleich**). Verbleibende Verluste werden dann mit Gewinnen (Überschüssen) aus anderen Einkunftsarten verrechnet, weil zur Ermittlung der Summe der Einkünfte alle Einkünfte, unabhängig davon, ob sie positiv oder negativ sind, erfasst werden (**externer bzw. vertikaler Verlustausgleich**).

■ Fall 54

X unterhält seine zwei Gewerbebetriebe und zusätzlich ein Mietshaus. Im VZ 2008 erzielt er dabei folgende Erfolge: Aus dem Zeitungskiosk 50.000 € Gewinn, aus der Reinigung 160.000 € Verlust. Seine positiven Einkünfte aus Vermietung und Verpachtung betragen 80.000 €. Außerdem wollte er 4.000 € Sonderausgaben geltend machen.

Aus dem internen Verlustausgleich ergibt sich ein Verlust bei Einkünften aus Gewebebetrieb von 110.000 €. Diesen kann er direkt mit den Mieteinkünften verrechnen. Es verbleibt also ein nicht verrechneter Verlust i.H.v.

30.000 €. Außerdem wirken sich die Sonderausgaben nicht steuermindernd aus, da vor deren Abzug bereits keine ESt anfällt.

▶ **2. Stufe: Der Verlustabzug**

Konnten im VZ der Verlustentstehung nicht alle Verluste ausgeglichen werden (wie in Fall 54), so darf der Rest mit positiven Einkünften anderer Veranlagungszeiträume verrechnet werden. Gemäß § 10d Abs. 1 S. 1 i. V. m. S. 4 EStG dürfen (Wahlrecht!) nicht ausgeglichene Verluste bis zu einem Betrag von 511.500 € im vorhergehenden VZ wie Sonderausgaben vom Gesamtbetrag der Einkünfte abgezogen werden (Verlustrücktrag). Die dann immer noch nicht ausgeglichenen Verluste werden gemäß § 10d Abs. 2 EStG zeitlich unbegrenzt, aber der Höhe nach begrenzt, in die folgenden VZ übertragen (Verlustvortrag). Dabei besteht kein Wahlrecht mehr; der Verlustvortrag ist so schnell wie möglich durchzuführen. Die Verrechnung des Verlustvortrages in folgenden VZ ist auf 1 Mio. € zuzüglich 60 % des 1 Mio. € übersteigenden GdE des jeweiligen VZ beschränkt (sog. Mindestbesteuerung).

Der Vorteil des Verlustrücktrags gegenüber dem Verlustvortrag besteht darin, dass der Steuerpflichtige sofort Geld vom Finanzamt zurückerstattet bekommt (Liquiditätsvorteil).

> Beachten Sie, dass **im Jahr der Verlustentstehung** keine Berücksichtigung von Sonderausgaben und außergewöhnlichen Belastungen erfolgen kann, da diese steuerwirksam nur von einem positiven Gesamtbetrag der Einkünfte abziehbar sind. Im Gegensatz dazu ist aufgrund des Wahlrechts **im Jahr des Verlustrücktrags** der Abzug der Sonderausgaben und außergewöhnlichen Belastungen möglich.

▪ Fall 55

Weiterführung von Fall 54. X hat im VZ 2008 so hohe Verluste erzielt, dass auch nach dem internen und externen Verlustausgleich ein negativer Gesamtbetrag der Einkünfte i.H.v. 30.000 € verbleibt. Im Vorjahr betrug sein zvE 9.000 €. Er hatte dabei Sonderausgaben i.H.v. 1.000 € geltend gemacht. Kann und sollte er den Verlust nach 2007 zurücktragen?

Grundsätzlich ja. Allerdings sollte er beachten, dass auch ohne Verlustrücktrag Teile seines zvE nicht versteuert werden. Dies gilt insbesondere für den Grundfreibetrag (7.664 € in VZ 2007) und für die Sonderausgaben (1.000 €). X sollte daher nur (9.000 ./. 7.664 ./. 1.000 € =) 336 € nach 2007 zurücktragen und den Rest des Verlustes (29.664 €) nach 2009 vortragen.

Abschließend zur Verlustbehandlung sei auf die Sonderregeln in den §§ 2a,15 Abs. 4, 15a, 15b, 17 Abs. 2 S. 6, 20 Abs. 6, 22 Nr. 3, 23 Abs. 3 S. 7 und 50 Abs. 2 EStG hingewiesen.

2 Kosten der privaten Lebensführung

Grundsätzlich wird bei der ESt, um dem Leistungsfähigkeitsprinzip Rechnung zu tragen, eine Nettobesteuerung (Betriebseinnahmen ./. Betriebsausgaben oder Einnahmen ./. Werbungskosten) vorgenommen. Ausgaben, die der Konsumsphäre und nicht der Einkommenserzielungssphäre zuzurechnen sind (so genannte Kosten der privaten Lebensführung), dürfen hingegen das zvE grundsätzlich nicht mindern (§ 12 EStG). Lesen Sie die Norm bitte nach. Es ist leicht verständlich, dass eine Trennung zwischen Einkommenserzielungs- und Konsumsphäre nicht immer möglich ist.

2.1 Gemischte Aufwendungen

■■■ Fall 56

Ein Fernsehreporter kommentiert regelmäßig die Fußballspiele des Vereins Bertha HSC live. Zur Vorbereitung auf die Spiele nutzt er den Pay-TV-Kanal „Soccer live". Die hierfür anfallenden Ausgaben bezahlt er selbst, da er sie von seinem Arbeitgeber nicht erstattet bekommt. Es trifft sich übrigens gut, dass er auch ein großer Fußballfan ist.

In diesem Fall sind Einkommenserzielungs- und Konsumsphäre untrennbar miteinander verbunden. Häufig tritt das Problem auf, dass Aufwendungen nicht ausschließlich dem betrieblichen bzw. beruflichen Bereich (§ 12 EStG) zugeordnet werden könnten. Die Rechtsprechung spricht in diesen Fällen von gemischten Aufwendungen.

 BFH-Beschluss vom 19.10.1970, GrS 2/70, BStBl. II 1971, S. 17–21

Der BFH hat in diesem grundlegenden Beschluss bei der Interpretation des § 12 Nr. 1 EStG für die steuerliche Anerkennung von gemischten Aufwendungen die folgenden Grundsätze aufgestellt (bitte lesen Sie hierzu auch R 12.1 EStR):

Leitsatz 7

!   **Behandlung gemischter Aufwendungen**

Ausschließlich oder fast ausschließlich beruflich/betrieblich veranlasste Aufwendungen sind in voller Höhe als Betriebsausgaben bzw. Werbungskosten abzugsfähig.
Andere gemischte Aufwendungen werden aufgeteilt, wenn objektive Merkmale und Unterlagen eine leichte und einwandfreie Trennung ermöglichen.
Alle übrigen gemischten Aufwendungen sind nicht als Betriebsausgaben bzw. Werbungskosten abzugsfähig.

Im Fall 56 sind die Ausgaben für „Soccer live" nicht abzugsfähige gemischte Aufwendungen.

▬▬ Fall 57

Ein Betriebsprüfer des Finanzamtes möchte seine Aktentasche als Werbungskosten steuerlich geltend machen, obwohl er gelegentlich auch seine Butterstullen darin zur Arbeit transportiert.

Dieser Fall sollte Ihnen aus Lektion 1 bekannt sein. Sie haben ihn mit Interesse studiert und kennen daher die Lösung selbst.

▬▬ Fall 58

Ein Gewaltverbrecher äußert in der Gerichtsverhandlung gegenüber dem Staatsanwalt: „Wir sehen uns wieder!" Als er nach fünfzehn Jahren entlassen wird, möchte er sein Versprechen in die Tat umsetzen. Daher kauft sich der Staatsanwalt zum Schutz eine Pistole. Sind das Werbungskosten?

Das FG Baden-Württemberg (FG-Urteil vom 26.7.1979, III 419/77, EFG 1979, S. 546) ging in diesem Fall zu Recht davon aus, dass nicht nur eine berufliche, sondern zugleich eine private Veranlassung, nämlich der Schutz des eigenen Lebens, vorlag. Da eine objektive Trennung der Anteile nicht möglich war, sind die Anschaffungskosten der Waffe nach

§ 12 EStG nicht abzugsfähig.

Fall 59

Der Autor X möchte ein Buch „Steuerrecht leicht gemacht" schreiben. Er trifft sich mit einem Verleger in einem Restaurant, um über eine Zusammenarbeit zu diskutieren. X zahlt die Zeche für beide. Kann X sie steuerlich geltend machen?

Problematisch ist, dass z. T. auch die §§ 4 Abs. 5 und 9 Abs. 5 EStG auf gemischte Ausgaben angewendet werden könnten. Diese beiden Normen finden jedoch nur dann Anwendung, wenn Betriebsausgaben bzw. Werbungskosten (und nicht Kosten der privaten Lebensführung) vorliegen (vgl. auch H 4.10 EStR). Der Gesetzgeber will diese aber ganz oder teilweise nicht zum Abzug zulassen. In **Fall 59** liegen Betriebsausgaben des X im Rahmen seiner Einkünfte aus selbständiger Tätigkeit vor. Sie sind allerdings aufgrund der pauschalen Kürzung in § 4 Abs. 5 Nr. 2 EStG nur zu 70 % abzugsfähig.

2.2 Liebhaberei

Für den Fiskus sind auch Fälle, in denen Steuerpflichtige versuchen, **gesamte** Aktivitäten als betrieblich oder beruflich veranlasst darzustellen, besonders interessant. Schafft es ein Steuerpflichtiger, sein Hobby als Beruf oder Betrieb zu deklarieren, könnte er damit die durch die Aktivität verursachten Aufwendungen als Betriebsausgaben oder Werbungskosten steuerlich geltend machen, und so die Verluste mit anderen positiven Einkünften verrechnen.

Fall 60

X macht mit Frau und Kindern die lang ersehnte USA-Reise. Bei der Besichtigung zahlreicher Nationalparks werden 200 Fotos gemacht. Zurück in Deutschland überlegt X, ob er nicht die Reisekosten (7.000 €) als Betriebsausgaben geltend machen kann, da er meint, dass er nunmehr auch Landschaftsfotograf sei und Verluste aus § 18 EStG erzielt. Dafür, dass niemand seine Urlaubsfotos kauft, kann er ja nichts.

Hier liegt ein typischer Fall der so genannten **Liebhaberei** vor (vgl. H 15.3 EStR). Grundsätzlich gilt für alle Einkunftsarten, dass eine Gewinnerzielungsabsicht vorliegen muss, auch wenn dies nur für die Gewinneinkünfte (durch § 15 Abs. 2 EStG) gesetzlich kodifiziert ist. Diese ist hier nicht gegeben. Liebhabereiaufwendungen sind wegen § 12 EStG steuerlich nicht abzugsfähig. Die entsprechenden Einnahmen bzw. Erträge sind aber auch nicht steuerbar. Obwohl es typische Liebhabereifälle gibt (z.B. vermietete Ferienwohnungen, Pferdehaltung und -zucht), ist doch auf den Einzelfall abzustellen. Allerdings kann die Finanzverwaltung nicht die Gedanken der Steuerpflichtigen lesen. Dies wäre aber notwendig, um die Gewinnerzielungsabsicht zu verneinen.

■■■ Fall 61

X will sich als Schriftsteller betätigen, um die Welt mit seinen Gedichten zu beglücken. Für einen Druckkostenzuschuss i.H.v. 3.000 € findet er auch einen Verlag. Von der ersten Auflage werden im ersten Jahr 20 Exemplare verkauft. X erhält vom Verlag hierfür ein Honorar i.H.v. 100 € (sein Verlust: 2.900 €).

Es könnten tatsächlich negative Einkünfte aus selbständiger Arbeit nach § 18 Abs. 1 Nr. 1 EStG vorliegen. Denkbar ist aber genauso, dass es sich um reine Liebhaberei handelt. In solchen Grenzfällen geht die Finanzverwaltung einen „salomonischen" Weg. Zunächst wird dem Steuerpflichtigen die Gewinnerzielungsabsicht abgenommen. Er kann also Verluste aus § 18 EStG geltend machen. Allerdings macht sie dieses Spiel nur fünf Jahre mit. In den ersten fünf Jahren seiner Schriftstellerkarriere werden die ESt-Bescheide nämlich nur unter dem so genannten Vorbehalt der Nachprüfung erlassen (§ 164 AO). Wenn nach fünf Jahren eine Gewinnerzielung noch nicht absehbar ist, sieht die Finanzverwaltung die Gewinnerzielungsabsicht dann als widerlegt an. Alle ergangenen Steuerbescheide werden aufgehoben und die Steuer (ohne Berücksichtigung der Verluste) neu festgesetzt. Bei diesem Verfahren gibt es übrigens nur einen Sieger; denken Sie darüber nach!

■■■ Fall 62

X ist dennoch der Meinung, dass in der Totalperiode positive Einkünfte aus seiner Schriftstellerei erzielt werden. Er sei ein bislang verkanntes literarisches Genie. Was kann er tun?

Natürlich hat X das Recht, gegen die Steuerbescheide einen Rechtsbehelf einzulegen. Wissen Sie noch, welche Rechtsbehelfe existieren? Wenn nicht, sollten Sie kurz in Lektion 1 nachschlagen. Bevor Sie die folgenden Seiten lesen, sollten Sie auch noch einmal einen Blick auf Übersicht 4 werfen.

2.3 Sonderausgaben und außergewöhnliche Belastungen

Wie Sie nun wissen, finden gemäß § 12 EStG Kosten der privaten Lebensführung einkommensteuerlich keine Berücksichtigung. Hiervon gibt es zwei wichtige Ausnahmen: die Sonderausgaben (§§ 10, 10a, 10b, 10c EStG) und die außergewöhnlichen Belastungen (§§ 33, 33a, 33b EStG), wobei der Aufbau dieser Paragraphen völlig unterschiedlich ist.

2.3.1 Sonderausgaben

§ 10 EStG enthält einen abschließenden Katalog von privaten Ausgaben, die als Sonderausgaben abgezogen werden dürfen. Dabei kann man zwischen den so genannten Vorsorgeaufwendungen nach § 10 Abs. 1 Nr. 2 und 3 (Renten-, Kranken-, Arbeitslosen-, Haftpflichtversicherungsbeiträge), deren Abzug der Höhe nach begrenzt ist, § 10 Abs. 3 und 4 EStG, und den sonstigen Sonderausgaben, wie Kirchensteuern (Nr. 4), unterscheiden. Liegen keine oder nur geringe Sonderausgaben vor, können die Pausch-Beträge nach § 10c (Vorsorgepauschale und Sonderausgabenpauschbetrag) angesetzt werden. § 10a betrifft die so genannte Riesterrente. Danach können Rentenversicherungspflichtige seit 2002 in begrenzter Höhe bestimmte freiwillige Altersversorgungsbeträge als Sonderausgaben abziehen, müssen später aber die daraus erzielten Leistungen nach § 22 Nr. 5 EStG versteuern. Der Abzug als Sonderausgabe wird aber nur gewährt, sofern er günstiger ist als der (alternative!) Anspruch auf die staatliche Zulage (§ 10a Abs. 2 i. V. m. §§ 79 ff. EStG). § 10b ist eine Spezialnorm, die sich mit dem Sonderausgabenabzug von Spenden befasst.

Die Vorsorgeaufwendungen sind gemäß § 10 Abs. 3 und 4 EStG nur beschränkt abzugsfähig. Werfen Sie unbedingt einen Blick auf Abs. 4a. Sie können bei dem Versuch, den Höchstbetrag in der Übergangsphase zu errechnen, verzweifeln oder sich ein einfaches Steuer-EDV-Programm kaufen, das ihnen den Höchstbetrag ausrechnet.

▆▆ Fall 63

X hat sich ein neues Auto zugelegt. Sicherheitshalber schließt er eine Haftpflicht-, sowie eine Teil- und Vollkaskoversicherung ab. Kann er die Versicherungen steuerlich geltend machen?

Wenn das Auto ein Firmenwagen ist, kann X Haftpflicht-, sowie Teil-

oder Vollkaskoversicherung als Betriebsausgaben absetzen. Wenn es aber sein Privatauto ist, sind Teil- und Vollkasko sein Privatvergnügen. Allerdings darf er die Haftpflichtversicherung als Sonderausgabe nach § 10 Abs. 1 Nr. 3 EStG geltend machen.

■ Fall 64

X hat sich eine kleine, niedliche Ratte gefangen. Da das Tier noch nicht zahm ist und gelegentlich beißt, hat er eine Tierhalterhaftpflichtversicherung abgeschlossen.

Auch diese kann X als Sonderausgabe nach § 10 Abs. 1 Nr. 3 EStG geltend machen. Die Norm gilt nicht nur für PKW, sondern für alle privaten Haftpflichtversicherungen.

2.3.2 Außergewöhnliche Belastungen

Im Gegensatz zu § 10 EStG ist die Abzugsmöglichkeit der außergewöhnlichen Belastungen nach § 33 EStG allgemein umschrieben (unbestimmter Rechtsbegriff). Hat ein Steuerpflichtiger höhere Aufwendungen als die überwiegende Mehrheit der Steuerpflichtigen gleicher Einkommensverhältnisse, gleicher Vermögensverhältnisse und gleichen Familienstands, so kann der die nach § 33 Abs. 3 EStG zumutbare Belastung übersteigende Betrag vom Gesamtbetrag der Einkünfte abgezogen werden. In § 33 Abs. 1 und 2 EStG werden die folgenden Tatbestandsmerkmale definiert:

▶ Außergewöhnliche Belastung des Einkommens ohne materiellen Gegenwert.
▶ Zwangsläufige (der Steuerpflichtige kann sich ihnen aus rechtlichen, sittlichen oder tatsächlichen Gründen nicht entziehen), notwendige und angemessene Aufwendungen.

■ Fall 65

X hat ein chronisches Bandscheibenleiden. Der Arzt macht ihm wenig Hoffnung und rät lediglich, dass X täglich schwimmen solle. Daraufhin baut sich X in den Keller seines Eigenheims ein Schwimmbad ein. Die Ausgaben möchte er nach § 33 EStG geltend machen.

Diese Ausgaben sind fürwahr außergewöhnlich. Dennoch sind sie nicht abzugsfähig, weil § 33 Abs. 2 S. 1 EStG eine Angemessenheitsklausel enthält und ein materieller Gegenwert existiert.

▬▬ Fall 66

X möchte nach all den bislang erlittenen Schicksalsschlägen seinem Leben ein Ende setzen. Er stürzt sich aus dem Fenster. Glücklicherweise überlebt er schwer verletzt. Die Krankenversicherung übernimmt aber nicht alle Krankenhauskosten. Ist § 33 EStG anwendbar?

Die Außergewöhnlichkeit sollte hier ebenfalls unstrittig sein. Interessant ist die Zwangsläufigkeit. Natürlich war X weder aus rechtlichen noch aus sittlichen Gründen gezwungen zu springen; und aus tatsächlichen Gründen? Der BFH hat dies (m. E. zu Recht) bejaht. Selbstmordkandidaten befinden sich augenscheinlich in einer subjektiv so aussichtslosen Situation, dass sie sich dem Suizid nicht entziehen können; somit sind Krankheitskosten, auch wenn sie selbstverschuldet sind, zwangsläufig (BFH-Urteil vom 17.7.1981, VI R 77/78, BStBl. II 1981, S. 711–713). Da auch kein materieller Gegenwert existiert, kann X die Ausgaben, die die Krankenversicherung nicht ersetzt und die die zumutbare Eigenbelastung übersteigen, als außergewöhnliche Belastung nach § 33 EStG berücksichtigen.

Für besondere typisierte Fälle können auch die §§ 33a und b EStG Anwendung finden.

Leitsatz 8

!

Abzug von Aufwendungen

Wenn Sie prüfen, ob Aufwendungen einkommensteuerlich abzugsfähig sind, fragen Sie immer zuerst, ob sie einer Einkunftsart zuzuordnen sind. Erst wenn Sie dies verneinen, also Kosten der privaten Lebensführung vorliegen, sind Sonderausgaben (§§ 10 ff. EStG) und außergewöhnliche Belastungen (§§ 33 ff. EStG) zu prüfen. Bejahen Sie die Frage aber, liegen Betriebsausgaben bzw. Werbungskosten vor. Dann dürfen Sie die Abzugsverbote für Betriebsausgaben (§ 4 Abs. 5 EStG) und Werbungskosten (§ 9 Abs. 5 EStG) nicht vergessen. Und wenn die Aufwendungen teils beruflich/betrieblich und teils privat veranlasst sind, sind die Aufteilungsgrundsätze des BFH (vgl. Leitsatz 7) zu berücksichtigen.

Sie sollten sich unbedingt das Prüfschema der Übersicht 9 einprägen.

Lassen Sie sich bitte auch noch einmal den Unterschied zwischen den linken nicht abziehbaren Aufwendungen und denen in der Mitte durch den Kopf gehen. Die einen sind nicht abziehbar, obwohl es sich um Betriebsausgaben oder Werbungskosten handelt. Die anderen sind nicht abziehbar, weil es sich nicht um Betriebsausgaben oder Werbungskosten, sondern um Kosten der privaten Lebensführung handelt. Sonderausgaben und außergewöhnliche Belastungen sind dagegen abziehbar, obwohl es sich um Kosten der privaten Lebensführung handelt.

Wenn Sie den Aufbau wirklich verstanden haben, sind Sie einen großen Schritt vorangekommen. Prüfen Sie dies bitte danach anhand der Fälle Fall 67 bis Fall 69.

▮▮ Fall 67

X hat eine Pferdehalterhaftpflichtversicherung abgeschlossen. Kann er die Versicherungsprämie steuerlich geltend machen?

Ja. Wenn die Versicherung durch eine betriebliche (z.B. betreibt er eine Reitschule) oder berufliche Tätigkeit verursacht ist, sind es Betriebsausgaben nach § 4 Abs. 4 EStG bzw. Werbungskosten nach § 9 EStG. Wenn das Pferd zu Privatzwecken angeschafft wurde, liegen Sonderausgaben nach § 10 Abs. 1 Nr. 3 a) EStG vor.

▮▮ Fall 68

X ist selbständiger Bauleiter. Auf einer wirklich eiligen Dienstfahrt hat die Polizei eine hübsche Porträtaufnahme von ihm gemacht: Geldbuße 25 €.

Hier liegen Betriebsausgaben nach § 4 Abs. 4 EStG vor. Sie sind allerdings nach § 4 Abs. 5 Nr. 8 EStG steuerlich nicht abzugsfähig. Bitte lesen Sie bei dieser Gelegenheit auch § 12 Nr. 4 EStG.

▮▮ Fall 69

Der Gewerbetreibende X lässt von seinem Steuerberater die Einkommensteuererklärung und ein Gutachten über den Unternehmenswert anfertigen.

Das Honorar für das Gutachten stellt eine Betriebsausgabe nach § 4 Abs. 4 EStG dar. Die ESt ist hingegen gemäß § 12 Nr. 3 EStG Privatvergnügen und somit gilt das Gleiche für das Steuerberaterhonorar. Da er eine Rechnung stellt, nach der die Aufteilung objektiv leicht möglich ist, kann X das Honorar für die Unternehmensbewertung als Betriebsausgabe absetzen. Da weder Sonderausgaben noch außergewöhnliche Belastungen vorliegen, ist das Honorar für die ESt-Erklärung nicht abzugsfähig.

Übersicht 9: Abziehbare Aufwendungen

III.   Die Körperschaftsteuer

Lektion 7: Persönliche und sachliche Steuerpflicht

1 Die persönliche Steuerpflicht

Die Körperschaftsteuer ist als Einkommensteuer der juristischen Personen eine Personensteuer. Sie erfasst gemäß § 1 Abs. 1 Nr. 1 KStG insbesondere das zvE der Kapitalgesellschaften, also GmbH, AG und KGaA. Daneben werden auch Genossenschaften, VVaG, Stiftungen und andere in den Nrn. 2 bis 6 genannte juristische Personen besteuert. Die Ausführungen der Lektionen 7 und 8 gehen vom Regelfall, also von der Besteuerung einer Kapitalgesellschaft aus.

Wie das EStG unterscheidet das KStG zwischen einer unbeschränkten (Welteinkommensprinzip gemäß § 1 Abs. 2 KStG) und einer beschränkten (Territorialprinzip gemäß § 2 KStG) Steuerpflicht. Voraussetzung für die unbeschränkte Steuerpflicht ist gemäß § 1 Abs. 1 KStG, dass sich die Geschäftsleitung oder der Sitz der Kapitalgesellschaft im Inland befindet. Die Geschäftsleitung definiert § 10 AO als den Mittelpunkt der geschäftlichen Oberleitung. Den Sitz hat eine Körperschaft gemäß § 11 AO an dem Ort, der durch Gesetz, Gesellschaftsvertrag, Satzung, Stiftungsgeschäft oder dergleichen bestimmt ist.

Wenn eine Körperschaft weder ihre Geschäftsleitung noch den Sitz im Inland hat, ist sie gemäß § 2 Nr. 1 KStG mit den inländischen Einkünften i.S.d. § 49 EStG beschränkt körperschaftsteuerpflichtig. Lesen Sie bitte die wichtige Verbindungsvorschrift § 8 Abs. 1 KStG und bearbeiten Sie diese mit dem Textmarker!

> Beachten Sie, dass das KStG bei der Prüfung, ob inländische Einkünfte einer ausländischen Kapitalgesellschaft vorliegen, auf das EStG zurückgreift. Die §§-Folge lautet: § 2 Nr. 1 KStG, § 8 Abs. 1 KStG, § 49 EStG.
> Steuerbefreit sind die in § 5 KStG genannten Körperschaften.

Wenn ein gewerbliches Unternehmen (dies muss nicht zwingend eine Kapitalgesellschaft sein; vgl. § 14 Abs. 1 Nr. 2 KStG) mit inländischen

Tochterkapitalgesellschaften einen Konzern bildet, können sie sich als so genannte **körperschaftsteuerliche Organschaft** besteuern lassen (siehe aber die Ausnahme: § 14 Abs. 2 KStG). Die Konzernmutter heißt dabei steuerlich **Organträger**, die Töchter sind die Organgesellschaften (§§ 14 und 17 KStG). Wichtigste Voraussetzungen sind eine **finanzielle Eingliederung** der Organgesellschaften gemäß § 14 Abs. 1 Nr. 1 KStG (d.h. der Organträger muss die Mehrheit der Stimmrechte an der Organgesellschaft besitzen; vgl. R 57 KStR) sowie gemäß §14 Abs. 1 S. 1 und Nr. 3 KStG ein in das Handelsregister eingetragener **Ergebnisabführungsvertrag** im Sinne von § 291 Abs. 1 AktG mit einer Laufzeit von mindestens fünf Jahren (bzw. § 301 AktG für § 17 KStG). Sind diese Voraussetzungen erfüllt, wird die Organschaft so besteuert, dass zwar jede Organgesellschaft ihr zvE separat ermittelt, die Summe aber allein dem Organträger zugerechnet und von ihm versteuert wird. Eine Besonderheit zu § 8b KStG in Bezug auf die Organschaft findet sich in § 15 Nr. 2 KStG. Doch dazu mehr in Lektion 8.

 Detaillierte Erläuterungen zur Organschaft finden Sie in R 56-66 und H 56-66 KStR.

■ Fall 70

Die X-GmbH ist an der Y-GmbH und der Z-AG zu jeweils 100 % beteiligt. Beide Töchter haben mit der X-GmbH Ergebnisabführungsverträge mit zehnjähriger Laufzeit abgeschlossen. Während (bei isolierter Betrachtung) die X- und die Y-GmbH jeweils ein zvE von 300.000 € erzielt hätten, entstand bei der Z-AG ein Verlust i.H.v. 500.000 €. Kann der Verlust mit den Gewinnen verrechnet werden?

Ja, wenn sie eine Organschaft bilden. Im Fall 70 erzielt die Organschaft ein zvE i.H.v. 100.000 €. Ein Vorteil der Organschaft gegenüber der „normalen" Versteuerung der zvE bei den beteiligten Unternehmen besteht nämlich in der Verlustverrechnung. Normalerweise können Tochterkapitalgesellschaften zwar Dividenden (Gewinne), aber keine Verluste ausschütten. Sofern bei der Tochter Verluste entstehen, kann sie diese nicht mit Gewinnen der Mutter oder von Schwesterunternehmen verrechnen. Wenn eine körperschaftsteuerliche Organschaft besteht, kann die Organgesellschaft an den Organträger auch Verluste abführen, die dieser mit eigenen Gewinnen oder Gewinnen anderer Organgesellschaften verrechnet. Ausgenommen hiervon sind logischerweise die so genannten vorvertraglichen Verluste (§ 15 S. 1 Nr. 1 KStG). Dies sind Verluste, die eine Organgesellschaft erzielt hatte, bevor die Organschaft gebildet wurde.

2 Die sachliche Steuerpflicht

Gemäß § 7 Abs. 1 KStG bemisst sich die KSt nach dem zvE. Wie Sie inzwischen wissen, gelten dabei gemäß § 8 Abs. 1 KStG für die Einkommensermittlung zur Vereinfachung die Vorschriften des EStG (insbesondere die in den §§ 4 bis 7 EStG genannten Gewinnermittlungsvorschriften), sofern das KStG nichts anderes vorschreibt. Der so ermittelte Gewinn wird dann um die Korrekturen nach den §§ 8 bis 10 KStG und ggf. nach anderen Gesetzen modifiziert, um das körperschaftsteuerliche zvE zu erhalten. Hierauf wird, unabhängig davon, ob das zvE der Kapitalgesellschaft thesauriert oder ausgeschüttet wird, seit dem 01.01.2008 gemäß § 23 Abs. 1 KStG ein Steuersatz von 15% angewendet (davor betrug der KSt-Satz 25%).

Wenn Sie unsicher sind, welche Normen des EStG aufgrund des § 8 Abs. 1 KStG auch für Kapitalgesellschaften gelten, können Sie die Liste in R 32 KStR nachschlagen.

Übersicht 10: Ermittlung der tariflichen KSt	
Jahresüberschuss/-fehlbetrag aus dem handelsrechtlichen Jahresabschluss	Kapitalgesellschaften sind Kaufleute kraft Rechtsform, daher gilt grundsätzlich § 5 Abs. 1 EStG
+/– ESt-liche Modifikationen	insbes. §§ 4 – 7 und 10d EStG
+/– KSt-liche Modifikationen	insbes. §§ 8 – 10 KStG
+/– Modifikationen wg. anderer Normen	insbes. IZ (InvZulG) und DBA-Freistellung
= KSt-liches Einkommen (zvE)	§ 7 Abs. 1 u. 2, § 8 Abs. 1 KStG
· KSt-Tarif (15%)	§ 23 Abs. 1 KStG
= Tarifliche KSt	

Ausgangspunkt der Ermittlung des zvE ist also der handelsrechtliche Erfolg. Da Kapitalgesellschaften Kaufleute kraft Rechtsform sind, erstellen sie i. d. R. auch einen handelsrechtlichen Jahresabschluss. Wie Sie aus Lektion 3 wissen, wird daraus aufgrund des Maßgeblichkeitsprinzips (§ 5 Abs. 1 EStG) die Steuerbilanz abgeleitet.

Zu den einkommensteuerlichen Modifikationen, die für das KStG relevant sind, gehört auch § 10d EStG (Verlustabzug). Allerdings ist hier eine Besonderheit zu beachten. § 8 Abs. 2 KStG besagt, dass alle Einkünfte von unbeschränkt Steuerpflichtigen i.S.d. § 1 Abs. 1 Nr. 1-3 KStG, als Einkünfte aus Gewerbebetrieb definiert werden. Damit bedarf es keines internen oder externen Verlustausgleichs (wenn Sie mit den Begriffen Probleme haben, können Sie kurz nochmals in Lektion 6 nachschlagen).

Fall 71

X hat wieder einmal eine neue Geschäftsidee. Er will Klontabletten verkaufen. Weil X mit hohen Gewinnen rechnet, aber wenig Neigung zeigt, hierauf auch noch Steuern zu zahlen, kauft er für 1.000 € eine wirtschaftlich gescheiterte GmbH, allein um deren Verlustvorträge mit seinen erwarteten Gewinnen zu verrechnen. Mit frischem Kapital und neuem Anlagevermögen beginnt er mit der Produktion. Wird die Konstruktion steuerlich Erfolg haben?

Während eben von der Vereinfachung der Verlustverrechnung die Rede war, wird sie durch eine körperschaftsteuerliche Vorschrift wiederum komplizierter. Bis zum Ende des Jahres 2007 wurde der in Fall 71 beschriebene Mantelkauf durch § 8 Abs. 4 KStG geregelt. Hierbei wurde versucht, zwischen einem (unschädlichen) Sanierungskauf und Mantelkauf zur bloßen Verlustverrechnung zu unterscheiden. Bei letzterem ging der Verlust unter, während die Verlustverrechnung im ersten Fall zulässig war. Ob ein Sanierungskauf vorlag oder nicht war an mehrere Voraussetzungen geknüpft. Die Anwendung dieser Norm sah jedoch selbst der Gesetzgeber als kompliziert und gestaltungsanfällig an. So wurde mit der Unternehmensteuerreform 2008 der § 8 Abs. 4 KStG gestrichen und der neue § 8c KStG geschaffen. Maßgeblich für die Verlustabzugsbeschränkung ist nun nur noch die Höhe der übertragenen Stimmrechte beim Anteilseignerwechsel. Die Norm wirkt zweistufig. Werden zwischen 25 % und 50 % der Stimmrechte übertragen, geht der Verlust anteilig unter. Werden mehr als 50 % der STimmrechte übertragen, geht der Verlust vollständig unter. Der Konstruktion des X wird steuerlich also kein Erfolg beschieden sein.

Der Gesetzgeber erkennt jedoch an, dass der Erwerb eines wirtschaflich gescheiterten Unternehmens nicht nur aus steuerlichen Gründen, sondern auch mit dem Ziel der Sanierung des Unternehmens erfolgen kann. In diesem Fall ist die Verlustverrechnung zulässig. Hierfür existiert jedoch keine gesetzliche Grundlage, sondern lediglich ein Billigkeitserlass der Fiananzverwaltung (BMF-Schreiben vom 27.03.2003, BStBl. I S. 240).

Körperschaftsteuerliche Modifikationen ergeben sich außerdem insbesondere aus § 8 Abs. 3 KStG (verdeckte Gewinnausschüttung), § 8a KStG (Betriebsausgabenabzug für Zinsaufwendungen), § 8b KStG (Beteiligungserträge), § 9 KStG (abziehbare Aufwendungen) und § 10 KStG (nicht abziehbare Aufwendungen).

Bei den Modifikationen nach den §§ 8, 8a und 8b KStG handelt es sich Korrekturen, die aus gesellschaftsrechtlichen Verbindungen resultieren. Sie werden in Lektion 8 gesondert behandelt.

§ 9 nennt zwei Arten abziehbarer Aufwendungen, die eigentlich keine „echten" Betriebsausgaben darstellen, aber dennoch zum Abzug zugelassen sind. Dies sind Spenden und bestimmte Aufwendungen einer KGaA.

> Bedenken Sie, dass juristische Personen, anders als natürliche Personen, keine Privatsphäre haben und es daher auch keine Sonderausgaben und außergewöhnlichen Belastungen geben kann.

Fall 72

Nach seinem abgeschlossenen BWL-Studium gründet X die X-GmbH. Das Unternehmen erzielt bereits im ersten Wirtschaftsjahr ein zvE i.H.v. 500.000 €. Aus Dankbarkeit für die Ausbildung des X spendet die GmbH einem Lehrstuhl seiner Heimatuniversität 10.000 €. Die Universität stellt eine Spendenbescheinigung aus. Kann die Spende steuerlich geltend gemacht werden?

Damit auch Kapitalgesellschaften gesellschaftlich gewünschte Subventionen tätigen, sind nach § 9 Abs. 1 Nr. 2 KStG Spenden für mildtätige, kirchliche, religiöse, wissenschaftliche und besonders förderungswürdige gemeinnützige Zwecke in begrenzter Höhe abzugsfähig. Technisch sind zunächst alle Spenden als Aufwand in der GuV gebucht worden. Anschließend werden die über die Begrenzung hinausgehenden Spenden dem Gewinn (außerhalb des Jahresabschlusses) wieder hinzugerechnet. Die Spende der X-GmbH kann jedoch in voller Höhe geltend gemacht werden. Eine Hinzurechnung erfolgt also nicht. Die in § 9 Abs. 1 Nr. 1 KStG genannten abziehbaren Aufwendungen betreffen die (in der Praxis seltene) KGaA. Damit der Gewinnanteil ihres persönlich haftenden Gesellschafters nicht doppelt besteuert wird (durch die KGaA mit KSt und beim persönlich haftenden Gesellschafter als Einkünfte aus Gewerbebetrieb mit ESt bzw. KSt, sofern eine GmbH & Co. KGaA vorliegt), muss der Gewinn der KGaA um seine Vergütungen gekürzt werden. Die wichtigsten nichtabziehbaren Aufwendungen – neben den nichtabziehbaren Betriebsausgaben nach § 4 Abs. 5 EStG, die wegen § 8 Abs. 1 KStG auch für das KStG zu berücksichtigen sind – sind gemäß § 10 KStG Satzungspflichtaufwendungen, die Körperschaftsteuer selbst, bestimmte Teile der Umsatzsteuer, Geldstrafen sowie die Hälfte der Aufsichtsratsvergütungen. Auch sie sind dem Gewinn wieder hinzuzurechnen, wenn sie in der GuV erfolgsmindernd gebucht wurden.

§ 10 Nr. 1 KStG hat für erwerbswirtschaftliche Kapitalgesellschaften praktisch keine Bedeutung. Ausgaben, die der unmittelbaren Erfüllung des Satzungszwecks dienen, sind als Gewinnverwendung ohnehin nicht als Betriebsausgaben abzugsfähig. Seit der Unternehmensteuerreform 2008 ist gem. § 4 Abs. 5b) EStG i.V.m. § 8 Abs. 1 KStG schließlich auch die GewSt nicht mehr als Betriebsausgabe abzugsfähig.

Da die KSt wie die ESt eine Veranlagungssteuer ist, muss die Kapitalgesellschaft eine Steuererklärung abgeben, auf deren Grundlage der KSt-Bescheid erlassen wird. Auf die darin festzusetzende KSt werden allerdings die (vierteljährlichen) KSt-Vorauszahlungen und ggf. Quellensteuern angerechnet. So wie auch die ESt als Personensteuer nicht bei den natürlichen Personen geltend gemacht werden kann, sind die KSt und der Solidaritätszuschlag der Kapitalgesellschaft gemäß § 10 Nr. 2 KStG nicht abziehbarer Aufwand.

Auch Kapitalgesellschaften zahlen also den Soli. Er beträgt gemäß § 4 SolZG 5,5% der KSt.

Beachten Sie, dass in der Steuerbilanz eine KSt-Rückstellung gebildet und die Vorauszahlungen als laufender Aufwand gebucht wurden. Es erfolgt also auch hier technisch eine Hinzurechnung außerhalb des Jahresabschlusses.

> Bedenken Sie, wann und in welcher Höhe Vorauszahlungen, Rückstellungen und Nachzahlungen erfolgen. Die Vorauszahlungen in 08 für den VZ 08 bemessen sich nach der KSt des vorherigen VZ. Die Rückstellung wird in der Steuerbilanz 08 gebildet, die in 09 erstellt wird. Dabei ermittelt man aufgrund des errechneten zvE die voraussichtliche KSt-Schuld für 08 und subtrahiert die Vorauszahlungen. Der Rest ergibt die Rückstellung. Sofern das tatsächliche zvE vom durch den Steuerpflichtigen errechneten abweicht, kommt es in 09 (oder später) zu einer Nachzahlung oder KSt-Erstattung.

Fall 73

Die X-GmbH hat im VZ 08 KSt-Vorauszahlungen i.H.v. 100.000 € geleistet. Bei der Erstellung der Steuerbilanz wird für das ermittelte Einkommen i.H.v. 800.000 € (gemäß § 249 Abs. 1 S. 1 HGB i.V.m. § 5 Abs. 1 EStG und § 8 Abs. 1 KStG) eine KSt-Rückstellung i.H.v. 20.000 € passiviert. Im VZ 07 hatte man für die in 08 erwartete KSt-Nachzahlung ein Rückstellung i.H.v. 30.000 € gebildet. Tatsächlich musste man aber in 08 für 07 KSt i.H.v. 40.000 € zahlen. Wie hoch ist der KSt-Aufwand in 08?

Dieser Fall kann nur von den Lesern gelöst werden, die Grundwissen in der Rechnungslegung besitzen. Der KSt-Aufwand setzt sich aus den Vorauszahlungen (100.000) und der Gegenbuchung bei der Rückstellungsbildung (20.000) zusammen. Die Abschlusszahlung für 07 wird i.H.v. 30.000 € erfolgsneutral gegen die Rückstellung gebucht; die übersteigenden 10.000 € jedoch zu Lasten des Erfolges in 08. Damit beträgt der KSt-Aufwand in 08 insgesamt 130.000 € (120.000 für 08 und 10.000 für 07).

§ 10 Nr. 3 KStG ist eine Weiterführung des § 4 Abs. 5 Nr. 8 EStG, der wegen § 8 Abs. 1 KStG auch für die KSt gilt. Während die Vorschrift des EStG die „leichten" Fälle betrifft (Geldbußen, Verwarnung- und Ordnungsgelder), werden durch § 10 Nr. 3 KStG die „schweren" Fälle (in einem Strafverfahren festgesetzte Geldstrafen u. ä.) erfasst. § 10 Nr. 3 KStG stellt somit die Parallele zu § 12 Nr. 4 EStG dar. Nach § 10 Nr. 4 KStG ist dem Einkommen auch die Hälfte der Aufsichtsratsvergütungen im weiteren Sinne wieder hinzuzurechnen, da sie als Aufwand gebucht wurden. Der Sinn dieser Norm bleibt im Verborgenen. Der gelegentlich zu lesende Hinweis, dass damit dem Ausufern der Aufsichtsratsvergütungen entgegen gewirkt werden soll, kann weder logisch noch systematisch überzeugen.

Neben den einkommen- und körperschaftsteuerlichen Modifikationen tauchen gelegentlich auch Korrekturen auf Grund anderer Rechtsnormen auf. Hier sind aufgrund ihrer Praxisrelevanz die Investitionszulage (IZ) und freigestellte Gewinne aus DBA-Betriebstätten zu nennen. Investitionszulagen werden aufgrund des Investitionszulagengesetzes 2007 (InvZulG 2007) für bestimmte Sachinvestitionen gewährt. Sie sind gemäß § 12 InvZulG 2007 steuerfrei. Sofern sie in der GuV als Ertrag gebucht wurden, ist dieser Betrag deshalb außerhalb des Jahresabschlusses wieder abzuziehen. Wenn eine Kapitalgesellschaft Gewinne aus einer Betriebstätte in einem Staat erzielt, mit dem Deutschland ein DBA abgeschlossen hat (Einzelheiten erfahren Sie erst in Lektion 12), so sind diese i. d. R. ebenfalls in Deutschland steuerfrei. Da sie aber in der GuV erfolgswirksam gebucht wurden, erfolgt wiederum außerhalb des Jahresabschlusses eine Kürzung.

■■■■ Fall 74

Die GmbH des X erzielt einen Steuerbilanzgewinn i.H.v. 200.000 €. Es wurden 150.000 € als KSt-Aufwand gebucht und 140.000 € als GewSt-Aufwand. Aufgrund wiederholter kartellrechtlich relevanter Preisabsprachen musste die GmbH 610.000 € Strafe bezahlen. Außerdem hat die GmbH Investitionszulagen i.H.v. 100.000 € erhalten und als Ertrag in der GuV gebucht. Wie hoch ist das zvE?

Ausgangspunkt der Lösung ist der Steuerbilanzgewinn (200.000 €). Außerhalb der Steuerbilanz werden die IZ abgezogen und die nicht abziehbaren Betriebsausgaben (KSt, GewSt und Geldstrafe) addiert. Dies ergibt ein zvE i.H.v. 1.000.000 €, auf das dann 120.000 € KSt (15 %) und 140.000 € GewSt (14 %) zu zahlen wären, also genau entsprechend dem Aufwand in der GuV.

Leitsatz 9

!

Persönliche und sachliche KSt-Pflicht

Die KSt erfasst das zvE der in § 1 Abs. 1 KStG genannten Körperschaften, Personenvereinigungen und Vermögensmassen. Hierzu zählen insbesondere die Kapitalgesellschaften. Wie bei der ESt wird zwischen unbeschränkter (§ 1 Abs. 1 i. V. m. Abs. 2 KStG) und beschränkter (§ 2 i. V. m. § 8 Abs. 1 KStG und § 49 EStG) Steuerpflicht differenziert. Das zvE wird gemäß §§ 7 und 8 KStG aus dem handelsrechtlichen Jahresabschluss unter Berücksichtigung steuerlicher Modifikationen abgeleitet. Hierauf wird nach § 23 Abs. 1 KStG ein einheitlicher KSt-Satz von 15 % angewendet.

Lektion 8: Gesellschafts- versus schuldrechtliche Beziehungen

1 Gesellschaftsrechtliche Beziehungen

Die gesellschaftsrechtlichen Beziehungen zwischen einer Kapitalgesellschaft und ihren Gesellschaftern lassen sich zunächst einfach charakterisieren. Die Gesellschafter gewähren ihrem Unternehmen Eigenkapital und hoffen, dass sie hierfür eine möglichst hohe erfolgsabhängige Vergütung, die Dividende, auch Gewinnausschüttung oder Beteiligungsertrag genannt, erhalten.

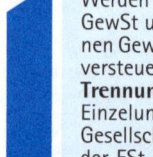

Werden Gewinne in der Kapitalgesellschaft thesauriert, fallen i. d. R. GewSt und KSt und Soli an. Der Gesellschafter hingegen muss seinen Gewinnanteil i.d.R. erst bei Zufluss der Ausschüttung zusätzlich versteuern. Daher spricht man bei Kapitalgesellschaften auch vom **Trennungsprinzip**. Hier besteht ein fundamentaler Unterschied zu Einzelunternehmen bzw. Personengesellschaften, bei denen der Gesellschafter bereits mit Gewinnentstehung seinen Gewinnanteil der ESt (bzw. KSt) unterwerfen muss, unabhängig davon, ob eine Entnahme getätigt wird (**Transparenzprinzip**). Wie Sie bereits wissen, besteht jedoch seit der Unternehmensteuerreform 2008 für die Gesellschafter von Personenunternehmen zumindest die Option ihre thesaurierten Gewinne nicht sofort der vollen Steuerbelastung, sondern zunächst nur einer geminderten Besteuerung zu unterwerfen. Bei Ausschüttung findet dann jedoch eine weitere Belastung statt.

Während bei Einzelunternehmen und Personengesellschaften grundsätzlich eine Einmalbesteuerung erfolgt, ergibt sich bei Gewinnausschüttungen von Kapitalgesellschaften prinzipiell eine Doppelbesteuerung. Während diese früher (1977 bis 2001) durch das körperschaftsteuerliche Anrechnungsverfahren weitgehend aufgehoben wurde, geht der Gesetzgeber nunmehr für natürliche und juristische Personen als Dividendenempfänger getrennte Wege.

▬▬ Fall 75

An der X-Y-GmbH sind der Ihnen bekannte Gesellschafter X (mit 1/3) sowie die Y-AG (mit 2/3 der Anteile) beteiligt. Die GmbH erzielt ein zvE i.H.v. 1.200.000 €, das sie im Folgejahr nach Abzug der KSt-Zahlung ausschüttet. Wann muss wer wie viel Steuern zahlen (ohne GewSt und Soli)?

Die GmbH muss im VZ der Gewinnentstehung 15 % KSt zahlen. Dies sind 180.000 €. Im folgenden VZ erhalten dann X 340.000 und die Y-AG 680.000 € Dividende. Wie Sie aus Lektion 5 wissen, führt die GmbH, bevor sie die Dividende ausschüttet, für den Gesellschafter gemäß § 43 Abs. 1 Nr. 1 i. V. m. § 43a Abs. 1 Nr. 1 EStG eine Quellensteuer, nämlich 25 % KESt, an den Fiskus ab. Dies sind für X 85.000 €.

Für den VZ 2008 gilt noch das so genannte Halbeinkünfteverfahren. Hierbei muss X seine Dividende gemäß § 20 Abs. 1 Nr. 1 i. V. m. § 3 Nr. 40d) EStG nur zur Hälfte versteuern, die andere Hälfte ist steuerfrei. Dadurch wird die Doppelbesteuerung gemildert. Er zahlt also auf 170.000 € ESt, kann aber die bereits einbehaltene KESt auf seine ESt-Schuld anrechnen.

Ab dem VZ 2009 wird das HEV aufgegeben. Die ESt auf Dividenden ist zuküftig gem. § 43 Abs. 5 EStG mit der KESt abgegolten. Einkünfte aus Kapitalvermögen werden bei der Veranlagung nicht mehr berücksichtigt. Die Doppelbesteuerung wird damit bei ESt-Pflichtigen mit hohen Einkommen gemindert. Auf Antrag kann die Dividende jedoch bei der allgemeinen Ermittlung der Einkünfte nach § 2 EStG berücksichtigt und der tariflichen ESt unterworfen werden, wenn dies zu einer niedrigeren ESt führt (§ 32d Abs. 6 EStG). Die gezahlte KESt wird dann angerechnet bzw. erstattet.

Die Y-AG erhält eine Dividende i.H.v. 680.000 €. Würde der Gesetzgeber bei ihr KSt erheben und später, wenn sie ihren Gewinn ausschüttet, das HEV anwenden, so würde eine Mehrfachbelastung vorliegen. Der Gesetzgeber hat den gordischen Knoten mit § 8b Abs. 1 KStG gelöst. Dividenden, die eine Kapitalgesellschaft erhält, sind steuerfrei. Dies gilt unabhängig davon, ob die Dividende aus dem Inland oder von einer ausländischen Tochter bezogen wurde, und auch unabhängig von der Beteiligungshöhe. Einbehaltene KESt bekommt die Y-AG vergütet.

Eine Besonderheit gilt für die unter 7.1 erwähnte Organschaft. Danach gilt § 8b bei der Ermittlung des zvE der Organgesellschaft nicht, sondern erst bei Zurechnung des zvE beim Organträger (§ 15 Nr. 2 KStG).

Leitsatz 10

!

Besteuerung unbeschränkt steuerpflichtiger Dividendenempfänger

Erhält eine natürliche Person eine Dividende, so greift für den VZ 2008 gemäß § 20 Abs. 1 Nr. 1 i. V. m. § 3 Nr. 40 d) EStG noch das HEV. Ab dem VZ 2009 ist die ESt auf die Dividende mit der Erhebung der KESt gem. § 43 Abs. 5 EStG abgegolten. Erhält eine Kapitalgesellschaft die Dividende, so ist sie gemäß § 8b Abs. 1 KStG steuerfrei.

Diese Steuerfreiheit hat aber einen kleinen Haken. Gemäß § 3c Abs. 1 EStG, der wegen § 8 Abs. 1 KStG auch für Kapitalgesellschaften gilt, dürfen die Betriebsausgaben, die mit den steuerfreien Betriebseinnahmen im Zusammenhang stehen, steuerlich nicht geltend gemacht werden.

▇▇▇▇ Fall 76

„Na bravo" tönt der Vorstand der Y-AG. Da die AG einige Beteiligungen hält, sieht er es als unverhältnismäßige Arbeitsbelastung an, zu prüfen, welche der Betriebsausgaben, die in der Y-AG angefallen sind, in unmittelbarem wirtschaftlichem Zusammenhang mit den Beteiligungen stehen.

Der Gesetzgeber hat dies wohl gesehen und in § 8b Abs. 5 KStG eine Spezialnorm (lex specialis) geschaffen. Bei steuerfreien Beteiligungserträgen kann die Y-AG zunächst alle Betriebsausgaben geltend machen und muss dann eine pauschale Hinzurechnung zum zvE i.H.v. 5% des

Beteiligungsertrages vornehmen.

Fall 77

Die Y-AG möchte ihre Beteiligungen veräußern. Der Vorstand überlegt, ob die Töchter zunächst ihre thesaurierten Gewinne an die Y-AG ausschütten sollten, damit sie steuerfrei bleiben, oder ob man sie in den Töchtern belässt und damit einen höheren Kaufpreis fordert.

Der Gesetzgeber hat mit § 8b Abs. 2 KStG auch die Gewinne aus der Veräußerung von Beteiligungen freigestellt, unabhängig davon, ob es in- oder ausländische Töchterkapitalgesellschaften sind. Dass dies auch sachgerecht ist, erkennt man daran, dass es für die Y-AG steuerlich unerheblich ist, ob die Gewinne ausgeschüttet oder veräußert werden. Über § 8b Abs. 3 gilt auch hier die 5%-Regelung.

2 Schuldrechtliche Beziehungen

Einen besonderen Aspekt bei der Unternehmensbesteuerung stellt die Behandlung schuldrechtlicher Beziehungen zwischen dem Unternehmen und seinen Gesellschaftern dar. Schuldrechtliche Beziehungen können z.B. entgeltliche Lieferungen und Dienstleistungen im Rahmen des gewöhnlichen Geschäftsbetriebs sein. Meist sind es jedoch vergütete Arbeits-, Miet- oder Darlehensverhältnisse zwischen Gesellschaft und Gesellschafter. Der folgende Leitsatz fasst zivilrechtliche Grundkenntnisse und Informationen aus den bisherigen Lektionen zusammen.

Fall 78

An einem Unternehmen sind X, Y und Z beteiligt. Zugleich wurde X zum Geschäftsführer bestellt. Darüber hinaus hat X dem Unternehmen ein Grundstück verpachtet, das als Lagergrundstück genutzt wird. Welcher Einkunftsart unterliegen die Einkünfte des X?

Wenn das Unternehmen eine MUschaft ist, erzielt X wegen § 15 Abs. 1 Nr. 2 EStG Einkünfte aus Gewerbebetrieb, da er durch die Miete und die Tätigkeitsvergütung Sonderbetriebseinnahmen erzielt. Sie unterliegen damit auch der GewSt. Wenn das Unternehmen aber eine Kapitalgesellschaft ist, werden die Verträge wie bei fremden Dritten behandelt. Es liegen also Einkünfte aus nichtselbständiger Arbeit sowie aus Vermietung und Verpachtung vor. GewSt fällt damit nicht an.

Leitsatz 11

Einkommen– und körperschaftsteuerliche Anerkennung schuldrechtlicher Beziehungen zwischen Gesellschaft und Gesellschafter

Zwischen einem Einzelunternehmen und dem Unternehmer sind schuldrechtliche Beziehungen zivilrechtlich nicht möglich (§ 181 BGB). Sie werden daher auch einkommensteuerlich nicht anerkannt. Zwischen einer Mitunternehmerschaft und einem Mitunternehmer sind schuldrechtliche Beziehungen zivilrechtlich eingeschränkt möglich. Sie werden steuerlich durch das SBV geregelt. Gewinne aus dem SBV sind Einkünfte aus Gewerbebetrieb (§ 15 Abs. 1 Nr. 2 S. 1 EStG).

Da Kapitalgesellschaften eine eigene Rechtspersönlichkeit besitzen, werden schuldrechtliche Beziehungen zwischen ihnen und ihren Gesellschaftern einkommen- und körperschaftsteuerlich grundsätzlich anerkannt.

Fall 79

Das finden X, Y und Z toll. Eigentlich würde ihre GmbH einen Gewinn i.H.v. 300.000 € erzielen, den sie dann ausschüttet. Vorher müsste die GmbH aber KSt und GewSt zahlen. Daher vereinbaren sie, dass jeder von ihnen ein Gehalt i.H.v. 100.000 € erhält. Sie setzen den Lohnaufwand als Betriebsausgabe in der GuV an und vermeiden damit KSt und GewSt. Dürfen Sie das?

Natürlich. Wenn sie tatsächlich für die GmbH arbeiten und die Gehälter auch angemessen sind, ist dies zivilrechtlich und steuerlich unbedenklich. Wenn aber diese Angemessenheit nicht gegeben ist, taucht ein grundlegendes Problem auf:

Wenn aufgrund der gesellschaftsrechtlichen Beziehungen zwischen Gesellschaft und Gesellschafter ungewöhnliche schuldrechtliche Vereinbarungen getroffen werden, müssen steuerliche Korrekturen vorgenommen werden.

Gedulden Sie sich mit der Lösung von Fall 79 noch einen Moment. Die Spannung steigt.

3 Trennung schuldrechtlicher und gesellschaftsrechtlicher Beziehungen zwischen Gesellschaft und Gesellschafter

Der Gesetzgeber hat in seinem Bestreben, tatsächliche oder vermeintliche Steuerschlupflöcher zu stopfen, eine Reihe von Korrekturvorschriften entwickelt, um die Trennung der Beziehungen auf gesellschafts- und schuldrechtlicher Ebene zu ermöglichen. Von wesentlicher Bedeutung sind insbesondere die verdeckte Gewinnausschüttung (§ 8 Abs. 3 KStG), die verdeckte Einlage (§ 4 Abs. 1 EStG i.V.m. § 6 Abs. 1 Nr. 5 EStG i.V.m. § 8 Abs. 1 KStG) und der Betriebsausgabenabzug für Zinsaufwendungen (§ 8a KStG).

3.1 Die verdeckte Gewinnausschüttung

Sie haben gelernt, dass schuldrechtliche Verträge zwischen einer Kapitalgesellschaft und ihren Gesellschaftern grundsätzlich steuerlich anerkannt werden. Dies gilt aber nur, solange die Vereinbarungen angemessen sind. Für unangemessene Vorteile des Gesellschafters im Rahmen von schuldrechtlichen Geschäften, die ein fremder Dritter nicht erhalten würde, ist das Gesellschaftsverhältnis ursächlich.

Wenn also im Fall 79 die Gesellschafter unangemessen hohe Gehälter erhalten haben oder gar Gehalt bezogen haben, obwohl keine korrespondierenden Arbeitsleistungen erbracht wurden, lag die Ursache nicht in der schuldrechtlichen, sondern in der gesellschaftsrechtlichen Beziehung. Wenn aber ein Gesellschafter aufgrund dessen eine Vergütung erhält, ist diese eine (verdeckte) Dividende!

Die so genannten verdeckten Gewinnausschüttungen (kurz: vGA) dürfen gemäß § 8 Abs. 3 S. 2 KStG das Einkommen nicht mindern. Daher wird die in der GuV als Aufwand gebuchte vGA außerhalb der Steuerbilanz dem Gewinn wieder hinzugerechnet und dann später wie eine offene Gewinnausschüttung behandelt (Einkünfte aus Kapitalvermögen des Gesellschafters und Anwendung des HEV bzw. der Abgeltungssteuer).

Da § 8 Abs. 3 S. 2 KStG nebulös ist und die Tatbestandsvoraussetzungen der vGA nicht regelt, mussten sie von der Rechtsprechung definiert werden (vgl. auch R 36 und H 36 KStR).

Z. B. BFH-Urteil vom 22.2.1989 I R 44/85, BStBl. II 1989, S. 475–477.

Aus der ständigen Rechtsprechung des BFH ergeben sich die folgenden Tatbestandsmerkmale einer vGA:

▶ Vermögensminderung bzw. verhinderte Vermögensmehrung: Dabei wird ausschließlich auf die Gesellschaft abgestellt, es kommt nicht auf den Zufluss beim Gesellschafter an.
▶ Eine Auswirkung des fraglichen Aufwands bzw. entgangenen Ertrags auf die Höhe des Einkommens der Gesellschaft: ist dann regelmäßig gegeben.
▶ Veranlassung durch das Gesellschaftsverhältnis: Es wird beurteilt, ob sich Leistung und Gegenleistung angemessen gegenüberstehen. Dabei muss der unangemessene Teil vom angemessenen getrennt werden. Im Normalfall gilt dabei der Maßstab des ordentlichen und gewissenhaften Geschäftsleiters.
▶ Es ist keine offene Gewinnausschüttung.
▶ Für beherrschende Gesellschafter existiert aufgrund ihrer besonderen Stellung in der Gesellschaft eine Sonderrechtsprechung. Ohne klare und von vornherein abgeschlossene Vereinbarungen gilt nicht nur der unangemessene Teil, sondern die gesamte Leistung der Gesellschaft als vGA.

Stellen die folgenden Geschäftsvorfälle Beispiele für vGA dar? Weitere Fälle enthält auch H 36 Abs. 5 KStR.

Fall 80

Die X-Y-Z-GmbH gewährt dem Gesellschafter X ein Darlehen (100.000 €) zu 2% Zinsen. Angemessen wären 7%.

Hier handelt es sich hinsichtlich des unangemessenen Teils um eine verhinderte Vermögensmehrung, die sich auf das Einkommen der GmbH niederschlägt, durch das Gesellschaftsverhältnis veranlasst und keine offene Gewinnausschüttung ist. Das Einkommen der GmbH wird gemäß § 8 Abs. 3 KStG um 5.000 € erhöht und der KSt sowie der GewSt unterworfen. X muss dann die Dividende nach § 20 Abs. 1 Nr. 1 i.V.m. § 3 Nr. 40 d) EStG als Einkünfte aus Kapitalvermögen versteuern bzw. die ESt ist ab dem VZ 2009 mit der Erhebung der KESt gem. § 43 Abs. 5

EStG abgegolten.

■■■ Fall 81

Wie Fall 80, aber um die steuerlichen Folgen zu vermeiden, erhält nicht X selbst das Darlehen, sondern seine LAG (Lebensabschnittsgefährtin).

Die Rechtsprechung bezieht die vGA nicht nur auf den Gesellschafter selbst, sondern auch auf ihm nahestehende Personen. Im Zusammenhang mit grenzüberschreitenden Gestaltungen definiert § 1 Abs. 2 Außensteuergesetz (AStG) diese Rechtsfigur. Steuerlich hilft die LAG-Konstruktion also nicht weiter.

■■■ Fall 82

Die X-Y-Z-GmbH kauft vom Gesellschafter X ein Grundstück für 500.000 €. Angemessen wären 300.000 €.

Der angemessene Teil ist unproblematisch. Die unangemessenen 200.000 € sind eine vGA (vgl. H 36 Abs. 6 KStR).

■■■ Fall 83

Am Ende des Jahres stellt X, der 80% der Anteile an der X-GmbH hält, fest, dass der Gewinn der X-GmbH zu hoch ist, und vereinbart rückwirkend ein der Höhe nach übliches Geschäftsführergehalt.

Für beherrschende Gesellschafter sieht die Rechtsprechung verschärfte Bedingungen vor. Rückwirkende schuldrechtliche Verträge mit ihnen werden grundsätzlich in voller Höhe (!) als vGA gewertet; vgl. auch H 36 Abs. 3 KStR.

■■■ Fall 84

X hat Geburtstag. Daher kauft die Sekretärin der X-Y-Z-GmbH mit Zustimmung der übrigen Gesellschafter einen Tiger als Geburtstagsgeschenk der GmbH. Aufgrund unsachgemäßer Behandlung stirbt das Tier, bevor X das Geschenk bekommt.

Diese als Tigerfall in die Literatur eingegangene Konstruktion ist fürwahr exotisch. Es liegt eine durch das Gesellschaftsverhältnis veranlasste Vermögensminderung bei der Gesellschaft vor, die auch als Aufwand in der GuV erfasst wird (das Tier ist nach dem Ableben außerplanmäßig abzuschreiben). Es ist auch keine offene Ausschüttung. Daher sind alle

Tatbestandsmerkmale erfüllt! § 8 Abs. 3 KStG bzw. die ihn interpretie-
rende Rechtsprechung nennen nämlich den Zufluss beim Gesellschafter
nicht als Tatbestandsmerkmal. Daher wäre nach § 8 Abs. 3 KStG der
Abschreibungsaufwand dem zvE der GmbH wieder hinzuzurechnen, da
er eine vGA darstellt. Dies hätte zur Folge, dass KSt und GewSt anfallen.
Allerdings erzielt X mangels Zufluss (Sie erinnern sich an § 11 EStG?)
keine Einkünfte aus Kapitalvermögen. Happy birthday.

Die Höhe der vGA richtet sich also nicht nach der Höhe des Betrages, der
dem Gesellschafter zufließt, sondern nach der Vermögensminderung bzw.
der verhinderten Vermögensmehrung der Kapitalgesellschaft, soweit sie
sich auf die Höhe ihres zvE auswirkt. Aufwendungen im Zusammenhang
mit einer vGA sind keine Betriebsausgaben der Kapitalgesellschaft.

Abschließend ein besonders wichtiger Hinweis: § 8 Abs. 3 KStG ist
keine Strafnorm. Die verdeckte Gewinnausschüttung soll steuerlich
lediglich so behandelt werden wie die offene.

Leitsatz 12

Definition der verdeckten Gewinnausschüttung

Nach ständiger BFH-Rechtsprechung ist eine verdeckte Gewinnausschüttung bei einer Kapitalgesellschaft eine Vermögensminderung
oder verhinderte Vermögensmehrung, die durch das Gesellschaftsverhältnis veranlasst ist, sich auf die Höhe des Einkommens auswir-
ken und nicht im Zusammenhang mit einer offenen Ausschüttung
stehen. Bei einem beherrschenden Gesellschafter ist eine Veranlassung durch das Gesellschaftsverhältnis auch dann anzunehmen,
wenn es an einer klaren und von vornherein abgeschlossenen
Vereinbarung darüber fehlt, ob und in welcher Höhe ein Entgelt
von der Kapitalgesellschaft gezahlt werden soll.

3.2 Die verdeckte Einlage

 **Fall 85**

X verkauft der X-Y-Z-GmbH ein Grundstück für 500.000 €. Angemessen
wäre ein Preis von 700.000 €.

In diesem Fall liegt keine vGA vor. Vielmehr hat die GmbH vom Gesellschafter einen Vorteil (200.000 €) erhalten, der im Gesellschaftsverhältnis begründet ist. Hier spricht man von einer verdeckten Einlage gemäß § 4 Abs. 1 EStG i. V. m. § 8 Abs. 1 KStG (vE; vgl. hierzu R 40 KStR). Das Grundstück wird mit Anschaffungskosten von 700.000 € aktiviert und das Eigenkapital um 200.000 € erfolgsneutral erhöht. Die Buchung erfolgt gemäß § 27 KStG als Einlage in das so genannte steuerliche Einlagekonto. Beim Gesellschafter erhöht sich der Veräußerungserfolg um 200.000 €. Unter welchen Voraussetzungen er ihn versteuern muss, wird in Lektion 11 diskutiert. Sofern X die Beteiligung in einem Betriebsvermögen hält, erhöht sich außerdem der Wert der aktivierten Beteiligung um die vE (nachträgliche Anschaffungskosten).

Wenn die GmbH später eine „Ausschüttung" aus dem steuerlichen Einlagekonto vornimmt, so ist dies wirtschaftlich keine Dividende, sondern eine Rückzahlung von Eigenkapital. Daher ist es nur sachgerecht, dass der Gesellschafter diese Eigenkapitalrückzahlung auch nicht als Dividende versteuern muss (§ 20 Abs. 1 Nr. 1 S. 3 EStG).

Lesen Sie bitte den BFH-Beschluss vom 26.10.1987, GrS 2/86, BStBl. I 1988, S. 348–357. Er weist darauf hin, dass die Bilanzierungsvorschriften der vE vorgehen. Das bedeutet, dass nur bilanzierungsfähige Wirtschaftsgüter einlagefähig sind.

Wissen Sie noch, was das GrS im Aktenzeichen bedeutet? Wenn nicht, können Sie in Lektion 1 nachschlagen.

Fall 86

X arbeitet unentgeltlich als Geschäftsführer in seiner X-GmbH. Er meint, dass eine vE vorliegt; und Sie?

Es liegt keine vE vor. Eine verhinderte Vermögensminderung (Gehaltsverzicht) bzw. eine Vermögensmehrung (Wert der Arbeitsleistung) sind zwar gegeben. Der Vermögensvorteil muss aber einlagefähig sein. Dies ist er, wenn ein Wirtschaftsgut vorliegt, das aktivierbar ist. Arbeits- und Dienstleistungen sowie Nutzungen sind keine bilanzierungsfähigen Wirtschaftsgüter.

Leitsatz 13

Die verdeckte Einlage

Eine verdeckte Einlage ist eine durch das Gesellschaftsverhältnis veranlasste Zuwendung eines **einlagefähigen Vermögensvorteils** durch den Gesellschafter oder eine ihm nahestehende Person an die Kapitalgesellschaft. Der Vermögensvorteil kann eine Vermögensmehrung oder eine verhinderte Vermögensminderung sein.

▰▰ Fall 87

X erhält von seiner X-GmbH ein Darlehen zu unangemessen hohen Zinsen.

Da die Zinszahlung bzw. der Anspruch darauf aktivierbar ist (Kasse, Bank, Forderung), und die im Leitsatz 13 genannten Tatbestandsmerkmale erfüllt sind, liegt eine vE vor.

▰▰ Fall 88

X gewährt seiner X-GmbH ein Darlehen zu unangemessen niedrigen Zinsen. Liegt eine vE vor?

Der unangemessene Teil ist keine vE, da eine bloße Nutzung kein Wirtschaftsgut und somit nicht einlagefähig ist (vgl. auch H 40 KStR).

3.3 Die Gesellschafter-Fremdfinanzierung

▰▰ Fall 89

X will seine X-GmbH mit Kapital ausstatten. Er überlegt, ob er der GmbH Eigen- oder Fremdkapital zur Verfügung stellen sollte. Wie sehen die steuerlichen Folgen beider Alternativen aus?

Stellt X der GmbH Fremdkapital zur Verfügung, erhält er hierfür (i. d. R. gewinnunabhängige) Zinsen, die bei der GmbH das zvE und damit die KSt- und GewSt-Last sowie den Soli mindern. Sie sind im VZ 2008 nach § 20 Abs. 1 Nr. 7 EStG beim Empfänger noch regulär voll zu versteuern. Ab dem VZ 2009 ist auch die ESt auf Zinsen mit der KESt abgegolten. Wenn der Gesellschafter Eigenkapital zur Verfügung stellt, ist die Dividende, wie oben beschrieben, zu versteuern (HEV bzw. Abgeltungssteuer).

■■ Fall 90

Wie Fall 89, aber X ist Steuerausländer.

X ist beschränkt steuerpflichtig mit seinen inländischen Einkünften (§ 1 Abs. 4 i. V. m. § 49 EStG). Die Dividenden stellen inländische Einkünfte nach § 49 Abs. 1 Nr. 5 a) EStG dar. Damit X nicht zur ESt veranlagt wird, ist seine ESt-Schuld mit Abzug der KESt gemäß § 50 Abs. 5 EStG abgegolten (Einzelheiten erwarten Sie in Lektion 12). Die Zinsen aber werden gemäß § 49 Abs. 1 Nr. 5 c) EStG nur erfasst, wenn das Darlehen gesichert ist (insbesondere durch ein Grundstück).

■■ Fall 91

Das findet X wieder prima. Da er in Deutschland nicht nur Steuern spart, sondern auch noch die Haftung begrenzt wird, stattet er seine GmbH lediglich mit einem Stammkapital i.H.v. 100.000 € und mit einem eigenkapitalersetzenden Darlehen i.H.v. 25.000.000 € aus, für das er (angemessene) Zinsen i.H.v. 1.500.000 € (6 %) erhält. Die GmbH erzielt einen Gewinn vor Zinsen, Steuern und Abschreibungen von 1.000.000 €.

Diese so genannte Gesellschafter-Fremdfinanzierung findet der Fiskus nicht witzig. Daher hat der Gesetzgeber mit § 8a KStG eine vermeintliche Missbrauchsvermeidungsvorschrift geschaffen. Wie Sie seit Lektion 4 wissen, existiert seit 2008 die so genannte Zinsschranke, welche den Abzug von Zinsaufwendungen unter bestimmten Umständen nicht zulässt. § 8a KStG regelt wie die Zinsschranke (§ 4h EStG) bei Körperschaften anzuwenden ist. So gilt die Abzugsbeschränkung zwar eigentlich nur für Konzernunternehmen, die die Öffnungsklausel verletzen, aber im Falle der Gesellschafter-Fremdfinanzierung enthält § 8a Abs. 2 KStG eine Rückausnahme. Ist der Gesellschafter nämlich zu mehr als einem Viertel an der Gesellschaft beteiligt und sind ihm mehr als 10 % der die Zinserträge übersteigenden Zinsaufwendungen des Wirtschaftsjahres zuzurechnen, greift die Zinsschranke auch bei Unternehmen die nicht zu einem Konzern gehören. Es gilt auch hier die Freigrenze von 1.000.000 €. Die GmbH des X überschreitet in Fall 91 diese Freigrenze, da der Saldo aus Zinsaufwendungen und Zinserträgen 1.500.000 € beträgt. Dieser Saldo darf bis zu einem Betrag i.H.v. 30 % des Gewinns vor Zinsen, Steuern und Abschreibungen abgezogen werden. Die GmbH kann also 300.000 € als Zinsaufwendungen ansetzen, die restlichen 1.200.000 € erhöhen als Zinsvortrag die Zinsaufwendungen der folgenden Wirschaftsjahre. Für X sind die Zinsen nicht steuerbar, da das Darlehen nicht in Deutschland besichert ist. Damit entfällt auch die Grundlage für einen Abzug der KESt.

> Die Vorschriften über die Gesellschafter-Fremdfinanzierung erfassen sowohl in- als auch ausländische Darlehensgeber. Sie sollten das EuGH-Urteil vom 12.12.2002, RS. C-324/00, SLG I 2002, S. 11779–11817, lesen, das Anlass war, ab 2004 die Gesellschafter-Fremdfinanzierung zu ändern. Dieses Urteil bezog sich allerdings noch auf den § 8a KStG, wie er vor der Unternehemensteuerreform 2008 existierte.

3.4 Exkurs: Die Betriebsaufspaltung

Ein besonderes steuerliches Rechtsinstitut, das das Zusammenspiel von schuldrechtlichen und gesellschaftsrechtlichen Verbindungen betrifft, ist die Betriebsaufspaltung. Ausgangspunkt ist eine Doppelgesellschaft. Unter einer Doppelgesellschaft versteht man die Aufteilung betrieblicher Funktionen auf zwei rechtlich selbständige Unternehmen, in denen ein Gesellschafter oder eine Gesellschaftergruppe seinen bzw. ihren Willen durchsetzen kann. Die größte praktische Bedeutung hat die Aufspaltung in eine Besitzgesellschaft (Einzelunternehmen oder Personengesellschaft) und eine Betriebsgesellschaft (Kapitalgesellschaft). Da keine speziellen gesetzlichen Regelungen für die Besteuerung von Doppelgesellschaften existieren, sind die folgenden Grundsätze durch die Rechtsprechung entwickelt worden.

Fall 92

X gründet eine klassische Doppelgesellschaft. Er gründet zunächst ein Besitzunternehmen (Einzelunternehmen) und eine Betriebs-GmbH. Dann vermietet die Besitzgesellschaft das Betriebsgrundstück an die Betriebskapitalgesellschaft.

Mit Ihrem bisherigen Wissensstand können Sie die ertragsteuerliche Behandlung dieser Doppelgesellschaft wie folgt skizzieren: Die Betriebskapitalgesellschaft muss ihr (um die Miete bzw. Pacht gemindertes) zvE der KSt und GewSt unterwerfen. Bei Gewinnausschüttung erzielt X Einkünfte aus Kapitalvermögen und wendet hierauf das HEV an bzw. muss sie der Abgeltungssteuer unterwerfen. Das Besitzunternehmen ist lediglich vermögensverwaltend tätig (!) und beteiligt sich nicht am allgemeinen wirtschaftlichen Verkehr. Daher liegen keine Einkünfte aus Gewerbebetrieb vor (das hätten sie doch gewusst, oder?). Folglich hat

X Einkünfte aus Vermietung und Verpachtung (bei Betriebsgrundstück oder Sachinbegriff) oder sonstige Einkünfte. Deshalb zahlt das Besitzunternehmen auch keine GewSt.

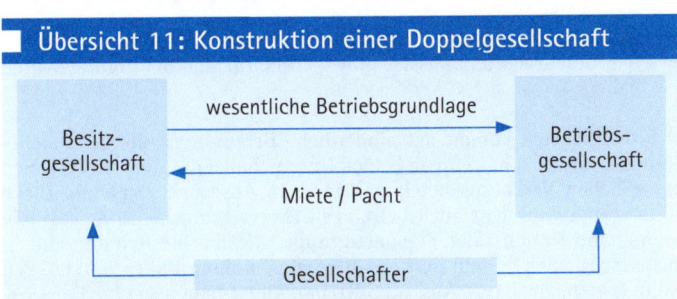

Übersicht 11: Konstruktion einer Doppelgesellschaft

Diese Konstruktion ist nicht nur haftungsrechtlich erfreulich, sondern hat auch den Charme, dass durch die laufenden Mietaufwendungen die GewSt vermieden werden kann. Außerdem ist der Veräußerungsgewinn des Grundstücks (außerhalb der Zehnjahresfrist des § 23 EStG) nicht steuerbar (vgl. hierzu Lektion 11). Um die steuerlichen Freuden zu verringern, hat der BFH ein steuerliches Rechtsinstitut, nämlich die so genannte Betriebsaufspaltung, geschaffen, dessen Sinn darin besteht, die genannten Vorteile zu verbauen. Der BFH meint, dass unter zwei Voraussetzungen die Besitzgesellschaft indirekt an der gewerblichen Tätigkeit der Betriebsgesellschaft teilnimmt und daher selbst Gewerbebetrieb ist.

 BFH-Urteil vom 6.3.1997, XI R 2/96, BStBl. II 1997, S. 460–462.

Damit aus der Doppelgesellschaft eine steuerliche Betriebsaufspaltung entsteht, müssen vorliegen:

▶ Eine sachliche Verflechtung: Die im Rahmen des Miet- oder Pachtvertrages überlassenen Wirtschaftsgüter stellen eine wesentliche Betriebsgrundlage dar.

Eine wesentliche Betriebsgrundlage ist dann anzunehmen, wenn die überlassenen Wirtschaftsgüter für die Betriebsgesellschaft von zentraler Bedeutung sind. Die überlassenen Wirtschaftsgüter müssen nicht unbedingt die, aber eine wesentliche Betriebsgrundlage darstellen. Hierzu gehören insbesondere Grundstücke und Produktionsanlagen (vgl. auch H 15.7 Abs. 5 EStR).

▶ Eine personelle Verflechtung: Die an beiden Unternehmen beteiligten Gesellschafter müssen einen einheitlichen Betätigungswillen haben.

Am deutlichsten kommt der einheitliche Betätigungswille bei Beteiligungsidentität, d.h. wenn an beiden Unternehmen die gleichen Personen im gleichen Verhältnis beteiligt sind, zum Ausdruck. Der einheitliche Betätigungswille liegt auch bei einer Beherrschungsidentität vor, d.h. wenn eine Person oder Personengruppe, die das Besitzunternehmen beherrscht, auch in dem Betriebsunternehmen ihren Willen durchsetzen kann (vgl. auch H 15.7 Abs. 6 EStR). Im Fall 92 liegt also eine Betriebsaufspaltung vor. X erzielt daher aus dem Einzelunternehmen Einkünfte aus Gewerbebetrieb.

Leitsatz 14

> **!**
>
> **Die Betriebsaufspaltung**
>
> Sind zwischen einer Besitzpersonengesellschaft und einer Betriebskapitalgesellschaft (Doppelgesellschaft) die sachliche und die personelle Verflechtung gegeben, so liegt nach ständiger BFH-Rechtsprechung eine Betriebsaufspaltung vor.
> Bei der Betriebsaufspaltung erzielen die Gesellschafter aus der Besitzgesellschaft Einkünfte aus Gewerbebetrieb. Damit sind auch Veräußerungserfolge steuerpflichtig. Außerdem unterliegt die Besitzgesellschaft dann auch der GewSt. Die Anteile der Gesellschafter an der Betriebskapitalgesellschaft sind darüber hinaus SBV II in der Besitzgesellschaft. Damit sind die Dividenden (wegen § 20 Abs. 3 EStG) ebenfalls Einkünfte aus Gewerbebetrieb.

■■■ Fall 93

X hat eine neue Idee. Er hat inzwischen wegen des Splittingtarifs geheiratet. Seine Ehefrau ist zu 100 % an der Betriebs-GmbH beteiligt. Er vermietet an diese das gesamte Anlagevermögen. X meint, dass nun keine personelle Verflechtung vorliegt. Und was meinen Sie?

So ist das! Tatsächlich lassen sich die Rechtsfolgen durch dieses so genannte Wiesbadener Modell umgehen. Es liegt eine Doppelgesellschaft vor, bei der aber nicht die Tatbestandsmerkmale der Betriebsaufspaltung gegeben sind (vgl. H 137 Abs. 7 EStR). Abschließend zwei äußerst praxisrelevante Hinweise:

> Beachten Sie, dass (wie fast immer) eine formaljuristische Betrachtung nicht ausreichend ist. Wenn etwa eine natürliche Person ein Grundstück an ihre GmbH vermietet, an der diese Person beherrschend beteiligt ist, liegt eine Betriebsaufspaltung vor, auch wenn formal kein Einzelunternehmen existiert (so genannte unechte Betriebsaufspaltung).

> Zum Abschluss stellen Sie sich folgendes Szenario vor: Aus der Doppelgesellschaft werden (z.B. aus konjunkturellen Gründen) ein paar Jahre keine Gewinne erzielt. Dennoch muss die Betriebsgesellschaft wegen der Verträge Miete an die Besitzgesellschaft zahlen. Denken Sie bitte selbst über die üblen ertragsteuerlichen Konsequenzen nach, die sich daraus ergeben. Es lohnt sich.

IV.   Die Gewerbesteuer

Lektion 9: Steuerobjekt und Bemessungsgrundlage

1 Der Gewerbebetrieb als Steuerobjekt

Gemäß § 1 GewStG sind die Gemeinden berechtigt, eine Gewerbesteuer zu erheben. Die Gewerbesteuer ist eine Objektsteuer (Realsteuer). Sie belastet das Unternehmen, ohne Rücksicht auf die persönlichen Verhältnisse des Unternehmers zu nehmen. Da sie am Gewinn (exakter: am Gewerbeertrag) von Gewerbebetrieben anknüpft, ist sie auch eine Ertragsteuer. Steuergegenstand ist gemäß § 2 Abs. 1 S. 1 GewStG jeder stehende (gemeint ist: jeder aktive) Gewerbebetrieb, soweit er im Inland betrieben wird. Die Gewerbesteuerpflicht beginnt folglich mit der Aufnahme der Tätigkeit des Unternehmens und erlischt mit der Aufgabe jeder werbenden Tätigkeit. Gemäß § 5 Abs. 1 GewStG ist der Unternehmer Schuldner der Gewerbesteuer.

> Als Gewerbebetrieb wird insbesondere jedes gewerbliche Unternehmen i.S.d. § 15 EStG (§ 2 Abs. 1 S. 2 GewStG) sowie jede Kapitalgesellschaft (§ 2 Abs. 2 S. 1 GewStG) definiert. Der Gewerbesteuer unterliegen also gleichermaßen die Gewerbeerträge gewerblicher Einzelunternehmen, MUschaften und Kapitalgesellschaften.

Nach § 2 Abs. 2 S. 2 GewStG bilden Gewerbebetriebe eine gewerbesteuerliche Organschaft, sofern die Voraussetzungen der §§ 14 oder 17 KStG (!) erfüllt sind (Vorsicht: A 14 GewStR ist veraltet!). Die Organgesellschaften werden dann wie Betriebsstätten des Organträgers behandelt.

2 Der Gewerbeertrag als Bemessungsgrundlage

Bemessungsgrundlage ist der Gewerbeertrag, der nach den §§ 7 bis 11 GewStG zu ermitteln ist. Ausgangsbetrag ist gemäß § 7 GewStG der nach den Vorschriften des EStG oder des KStG ermittelte Gewinn bzw. Verlust des Gewerbebetriebs, also:

▶ bei gewerblichen Einzelunternehmen: der Gewinn oder Verlust aus Gewerbebetrieb nach § 15 Abs. 1 S. 1 Nr. 1 EStG,

▶ bei MUschaften: die Summe der sich nach § 15 Abs. 1 S. 1 Nr. 2 EStG
für die MU ergebenden Einkünfte aus Gewerbebetrieb (einschließlich
der Sonderbetriebserfolge),

▶ bei Kapitalgesellschaften und anderen gewerblichen Körperschaften:
das körperschaftsteuerliche Einkommen (§ 8 Abs. 1 KStG) vor Verlustabzug.

Allerdings sind nicht alle Einkünfte aus Gewerbebetrieb zu berücksichtigen. So unterliegen etwa Gewinne aus der Veräußerung oder Aufgabe
von Betrieben (§ 16 EStG) oder aus der Veräußerung von im Privatver-
mögen gehaltenen Anteilen an Kapitalgesellschaften (§ 17 EStG) nicht
der GewSt, da sie nicht als laufende Einkünfte eines Gewerbebetriebs
erwirtschaftet wurden (vgl. hierzu auch Lektion 11). Beachten Sie aber
§ 7 S. 2 GewStG.

Fall 94

X betreibt in der deutschen Kleinstadt FF ein Einzelunternehmen. In
Słubice (Polen) unterhält er eine Betriebstätte. Muss er die Betriebstättengewinne der GewSt unterwerfen?

Nein. Zu Beginn der Lektion haben Sie gelesen, dass der Steuergegenstand gemäß § 2 Abs. 1 S. 1 GewStG jeder stehende Gewerbebetrieb ist,
soweit er im Inland betrieben wird. Dies ist für die Betriebstätte nicht der
Fall. Man kann sich den Sinn leicht verdeutlichen: Die GewSt steht (im
Wesentlichen) den Gemeinden zu, in denen der Gewerbeertrag erwirtschaftet wurde. Daher ist es folgerichtig, dass FF keine Steuer für in Polen
erwirtschaftete Gewinne erhält.

Dem anzusetzenden Gewinn/Verlust aus Gewerbebetrieb werden (außerhalb der Steuerbilanz bzw. GuV) einzelne Beträge wieder hinzugerechnet
(§ 8 GewStG), soweit sie bei der Ermittlung des Gewinns abgezogen wurden. Bestimmte Kürzungen nach § 9 GewStG sollen vor allem die Doppelbesteuerung von Gewerbeerträgen vermeiden. Lesen Sie bitte wenigstens
einmal in Ihrem Leben – und zwar jetzt – die Kataloge in den §§ 8 und
9 GewStG vollständig durch.

Die A 45–65 GewStR enthalten hilfreiche Erläuterungen zu den
§§ 8 und 9 GewStG.

■■■ Fall 95

Die Star-Cars-GmbH hat im VZ 2008 ein körperschaftsteuerliches zvE i.H.v. 500.000 € erzielt. Sie hat langfristige Verbindlichkeiten bilanziert (Laufzeit über zehn Jahre), für die sie im VZ 300.000 € Zinsen aufwenden musste. Von der Berliner Car-Lease & Less-GmbH hat sie außerdem einen Vorführwagen geleast, für den sie monatlich eine Leasingrate von 300 € zahlt (Der PKW wird vom Leasinggeber bilanziert). X ist an der Star-Cars-GmbH als typischer stiller Gesellschafter beteiligt. Für seine Beteiligung, die er im Betriebsvermögen eines gewerblichen Einzelunternehmens hält, hat ihm die Star-Cars-GmbH im VZ 50.000 € Zinsen gezahlt. Die Star-Cars-GmbH ist obendrein an der deutschen Old-Cars-KG beteiligt. Ihr (in der GuV ausgewiesener) Gewinn aus der KG betrug im VZ 200.000 €. Wie hoch ist der Gewerbeertrag der Star-Cars-GmbH?

Ausgangspunkt der Berechnung ist gemäß § 7 GewStG das körperschaftsteuerliche zvE i.H.v. 500.000 €. Darüber hinaus ergeben sich aus den §§ 8 und 9 GewStG folgende Hinzurechnungen und Kürzungen:

§ 8 Nr. 1 GewStG enthält eine Sammlung von Aufwendungen, die pauschal mit 25 % dem Gewerbeertrag hinzugerechnet werden.

Dazu zählen nach § 8 Nr. 1a) GewStG Entgelte aus Schulden (300.000 €). Des Weiteren werden Miet- und Pachtzinsen hinzugerechnet, wobei jedoch zu unterscheiden ist, ob es sich um Zinsen aus beweglichen oder unbeweglichen Wirtschaftsgütern des Anlagevermögens handelt. Während bei beweglichen Wirtschaftsgütern eine Hinzurechnung in Höhe von 20 % erfolgt (§ 8 Nr. 1d) GewStG), werden unbewegliche Wirtschaftsgüter mit 75 % erfasst (§ 8 Nr. 1e) GewStG). Die Leasingrate ist daher mit 720 € hinzuzurechnen. Mit dieser Rechnung reagierte der Gesetzgeber auf das merkwürdige Eurowings-Urteil des EuGH, das Sie dazu unbedingt lesen sollten.

 EuGH-Urteil vom 26.10.1999, RS. C-294/97, SLG I 1999, S. 7463 – 7478.

Die Gewinnanteile stiller Gesellschafter sind nach § 8 Nr. 1 GewStG hinzuzurechnen.

Insgesamt fallen somit 350.720 € unter die Hinzurechnung des § 8 Nr. 1

GewStG. Diese Aufwendungen sind mit 25% dem Gewerbeertrag hinzuzurechnen, soweit 100.000 € überschritten werden. Daraus folgt, dass für
die Ermittlung der Gewerbesteuer ((350.720 - 100.000) * 0,25 =) 62.680 €
zusätzlich anzusetzen sind.

§ 9 Nr. 2: **Gewinnanteile aus MUschaften** wurden i. d. R. bereits bei der
MU-schaft (hier: KG-Gewinn 200.000 €) der GewSt unterworfen. Damit
keine Doppelbesteuerung erfolgt, sieht der Gesetzgeber eine Kürzung
beim Empfänger vor.

Im Ergebnis hat die Star-Cars-GmbH einen Gewerbeertrag i.H.v. 362.680 €
(500.000 + 62.680 – 200.000) erzielt.

Ergibt sich nach den Modifikationen gemäß §§ 8 und 9 GewStG ein
Gewerbeverlust, so kann dieser gemäß § 10a GewStG vorgetragen (aber
nicht zurückgetragen!) werden. Die Verrechnung des Verlustvortrags ist
analog § 10d EStG (Lektion 6.1) geregelt: Der Gewerbeertrag kann bis zu
1 Mio. € mit dem Verlustvortrag verrechnet werden. Darüber hinaus bis
zu 60% des 1 Mio. € übersteigenden Gewerbeertrages. Ein Verlustausgleich zwischen verschiedenen Gewerbebetrieben eines Eigentümers ist
wegen des Objektsteuercharakters der GewSt grundsätzlich nicht möglich. Allerdings besteht, wie zu Beginn der Lektion erwähnt, nach § 2
Abs. 2 GewStG die Möglichkeit, eine gewerbesteuerliche Organschaft
zu bilden und so Verluste zwischen Organgesellschaften bzw. zwischen
Organträgern und Organgesellschaften zu verrechnen.

3 Gewerbesteuertarif und Steuerbelastung

Mit dem Unternehmensteuerreformgesetz 2008 hat sich die Ermittlung
der GewSt erheblich vereinfacht. Drei Schritte sollten Sie sich einprägen.

▶ Der Gewerbeertrag ist zunächst gemäß § 11 Abs. 1 S. 3 GewStG auf
volle 100 € abzurunden. Einzelunternehmen und Personengesellschaften (aber nicht Kapitalgesellschaften!) steht außerdem gemäß
§ 11 Abs. 1 S. 3 GewStG ein Freibetrag von 24.500 € zu.

▶ Anschließend ist gemäß § 11 Abs. 1 GewStG ein so genannter Steuermessbetrag zu ermitteln, der durch Anwendung eines Prozentsatzes
(**Steuermesszahl**) auf den Gewerbeertrag ermittelt wird. Die Steuermesszahl beträgt gemäß § 11 Abs. 2 GewStG 3,5%.

Der Steuermessbetrag wird in einem Festsetzungsbescheid gemäß § 14 GewStG vom zuständigen Finanzamt festgestellt und der Gemeinde mitgeteilt, in der der Gewerbebetrieb liegt.

▶ Die Gemeinde multipliziert den Steuermessbetrag mit einem Prozentsatz (dem so genannten Hebesatz), den die Gemeinde weitgehend autonom festlegt (§ 16 Abs. 1 GewStG).Nach § 16 Abs. 4 S. 2 GewStG beträgt er 200 %, wenn die Gemeinde nicht einen höheren Hebesatz bestimmt hat.

Die gebräuchlichen Hebesätze liegen zur Zeit zwischen 200 und 650 %, wobei 400 % den Median bilden. Damit ergibt sich die GewSt, die die Gemeinde dann per Steuerbescheid festsetzt. Nach § 19 GewStG werden vierteljährliche Vorauszahlungen erhoben.

▆▆▆ Fall 96

Die Star-Car-GmbH betreibt einen Gebrauchtwagenhandel mit Betriebstätten in den beiden Gemeinden FF (Hebesatz 380 %) und B (Hebesatz 410 %). Der körperschaftsteuerliche Gewinn in Gemeinde FF beträgt 290.000 €, der in der Gemeinde B beträgt 200.000 €. Die Betriebstätte in FF ist zum Teil mit Fremdkapital ausgestattet worden, für das im Veranlagungszeitraum 140.000 € Zinsen gezahlt wurden. Wie hoch ist die GewSt?

Der Gewinn aus Gewerbebetrieb nach den Vorschriften des KStG beträgt 490.000 €. Hierbei wurden die Zinsen, soweit sie den Freibetrag i.H.v. 100.000 € übersteigen, als Betriebsausgabe gebucht. Nach § 8 Nr. 1a) GewStG sind davon 25 % dem Gewinn hinzuzurechnen. Es ergibt sich ein Gewerbeertrag i.H.v. 500.000 € (Abrundung nicht nötig, Freibetrag nicht möglich). Auf diesen wird die Steuermesszahl (hier 3,5 %) angewendet. Der sich damit ergebende Messbetrag (17.500 €) muss mit dem Hebesatz der Gemeinde multipliziert werden, damit sich die GewSt ergibt. In welcher der beiden Gemeinden ist nun wie viel GewSt zu zahlen?

Die Gemeinden teilen sich die Steuer brüderlich. Sind mehrere Gemeinden zuständig, weil das Unternehmen mehrere Niederlassungen hat, wird der einheitliche Messbetrag daher gemäß § 28 Abs. 1 S. 1 GewStG zerlegt. Hierfür ist ein Verteilungsschlüssel erforderlich. Als Verteilungsschüssel nahe liegend wären z.B. die Gewinnanteile. Der Gesetzgeber geht jedoch einen anderen, recht praktikablen Weg. Als Zerlegungsmaßstab wird dabei gemäß § 29 Abs. 1 GewStG der Anteil an den gezahlten Arbeitslöhnen verwendet.

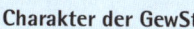 **Fall 97**

Weiterführung von Fall 96: Die Star-Car-GmbH hat im VZ Lohnaufwand i.H.v. 2.000.000 € gebucht. Davon entfielen auf die Betriebstätte FF 800.000 € und auf B 1.200.000 €.

Der Steuermessbetrag (17.500 €) wird anhand der Lohnanteile geschlüsselt. Damit entfallen auf FF 7.000 € und auf B 10.500 €. Jede Gemeinde multipliziert ihren Zerlegungsanteil mit dem Hebesatz. Damit ergibt sich die GewSt für FF (3,8 · 7.000 =) mit 26.600 € und für B mit (4,1 · 10.500 =) 43.050 €.

Übersicht 12: Ermittlung der GewSt

	Gewinn oder Verlust aus Gewerbebetrieb nach den Vorschriften des EStG bzw. KStG	§ 7 GewStG
+	Hinzurechnungen	§ 8 GewStG
./.	Kürzungen	§ 9 GewStG
./.	Verlustvortrag aus früheren Perioden	§ 10a GewStG
=	(vorläufiger) Gewerbeertrag	
./.	abrunden auf volle 100 €	§ 11 Abs. 1 GewStG
./.	Freibetrag (24.500 €) nur für Einzelunternehmen und Mitunternehmerschaften	§ 11 Abs. 1 GewStG
=	Gewerbeertrag · Steuermesszahl	§ 11 Abs. 2 GewStG
	= Steuermessbetrag · Hebesatz	§ 16 GewStG
(ggf. Zerlegung)	= Gewerbesteuer	

Leitsatz 15

!

Charakter der GewSt

Der GewSt unterliegen die Gewerbeerträge von im Inland betriebenen Gewerbebetrieben, insbesondere Einzelunternehmen, MU-schaften und Kapitalgesellschaften.
Der Gewerbeertrag wird aus dem Einkommen nach dem EStG oder KStG unter Berücksichtigung von Modifikationen durch die §§ 8 und

KStG unter Berücksichtigung von Modifikationen durch die §§ 8 und 9 (bei Verlusten auch § 10a) GewStG ermittelt. Zur Berechnung der Steuerbelastung ist insbesondere § 11 und gemäß §16 GewStG der Hebesatz der Gemeinde anzuwenden.

Lektion 10: Der Gewerbebetrieb und seine Gesellschafter

1 GewSt-Belastung versus ESt-Entlastung

Die GewSt benachteiligt gewerbliche Einzelunternehmen und Mitunternehmerschaften gegenüber Unternehmen, aus denen Einkünfte aus selbständiger Arbeit oder aus Land- und Forstwirtschaft erzielt werden. Ihre nachteilige Wirkung wird jedoch durch eine Subventionsvorschrift kompensiert.

Auch dem Gesetzgeber ist bewusst, dass die GewSt ein anachronistisches Relikt ist, das man abschaffen sollte. Die GewSt ist aber auch wesentliche Einnahmequelle für die Gemeinden. Ihre Abschaffung würde eine umfassende Neuordnung der Finanzverfassung erfordern. Solange hierfür die politische Durchsetzungskraft fehlt, hilft man sich mit folgender Subvention:

Der Gesetzgeber hat in § 35 EStG für gewerbliche Einzelunternehmen und Mitunternehmerschaften (nicht aber für Kapitalgesellschaften!) zusätzlich die Anrechnung einer fiktiven GewSt auf die anteilige ESt geschaffen.

Die ESt ermäßigt sich bei gewerblichen Einzelunternehmen und Mitunternehmerschaften um das 3,8fache des festgesetzten GewSt-Messbetrags. Die Ermäßigung ist auf die maximal zu zahlende ESt begrenzt (§ 35 Abs. 1 S 2 EStG).

Damit wird dem Steuerpflichtigen eine Ermäßigung direkt bei der tariflichen ESt gewährt (Anrechnung). Ob durch diesen Effekt die GewSt-Belastung nur verringert oder gar kompensiert wird, hängt vom Einzelfall ab.

Fall 98

X und Y betreiben eine gewerbliche OHG in FF (H = 380 %). Ihr Gewerbeertrag vor Freibetrag liegt bei traurigen 44.500 €. Wie hoch ist die GewSt?

Die GewSt berechnet sich, indem zunächst vom Gewerbeertrag der Freibetrag nach § 11 Abs. 1 GewStG abgezogen (44.500 – 24.500 = 20.000 €) und dann durch die Steuermesszahl i.H.v. 3,5 % angewandt wird. Dies ist 3,5 % auf 20.000 €, also 700 € Steuermessbetrag. Bei einem Hebesatz von 380 % ergibt sich eine GewSt von 2.660 €.

Fall 99

Wie Fall 98. Ihre Einkünfte aus Gewerbebetrieb betragen jeweils 22.250 € und ihr zvE jeweils 15.000 €. Berechnen Sie die ESt für VZ 2008.

Die ESt beträgt für X und Y jeweils 1.542 €. Hierauf können sich X und Y anteilig eine fiktive GewSt i.H.v. (700 · 3,8 · 0,5 =) 1.330 € anrechnen (§ 35 Abs. 1 Nr. 2 EStG). Die ESt reduziert sich somit für jeden auf 212 €.

Fall 100

Wie Fall 98. Sind X und Y durch die GewSt belastet?

Sie sind belastet, wenn die GewSt höher ist, als die Entlastung, die sich aus der Anrechnung der GewSt ergibt. Die ESt beträgt für jeden Mitunternehmer ohne Anrechnung 1.542 €, also 1.330 € mehr. Damit kompensiert die Anrechnung der GewSt (2.660 €) die GewSt (2.660 €) vollständig.

Dieses ist aber nur der Fall, wenn der Hebesatz nicht größer als 380 % ist. Versuchen Sie es nun mal für den Fall, dass der Hebesatz 400 % ist.

2 Schuldrechtliche und gesellschaftsrechtliche Beziehungen

Die folgenden Ausführungen sollten Ihnen teilweise bereits bekannt sein. Da sich die Informationen aber an verschiedenen Stellen der bisherigen Lektionen verborgen haben, werden sie hier kurz zusammenfassend behandelt.

2.1 Gewerbesteuerliche Anerkennung schuldrechtlicher Beziehungen

▬▬ Fall 101

X stellt seinem Unternehmen ein Grundstück zur Verfügung, das als Vorratslager genutzt wird. Unterliegt die (angemessene) Pacht, die er dafür erhält, der GewSt?

Es kommt darauf an. Wenn das zahlende Unternehmen ein Einzelunternehmen ist, wird das Grundstück automatisch BV und das Entgelt ist eine Entnahme. Mangels Betriebsausgabe ist also volle GewSt-Pflicht gegeben. Wenn es eine MUschaft ist, wird die Pacht als Betriebsausgabe gebucht, aber in der SonderGuV des X als Betriebseinnahme (§ 15 Abs. 1 Nr. 2 S. 1 EStG). Das Grundstück ist also SBV, die Pacht Sonderbetriebseinnahme. Da die Erfolge aus dem SBV der GewSt unterliegen, trifft ihn also auch in diesem Fall die volle GewSt-Pflicht.

Wenn das zahlende Unternehmen eine Kapitalgesellschaft ist, kann sie die Pacht als Betriebsausgabe absetzen. X hat Einkünfte aus Vermietung und Verpachtung und zahlt daher auch keine GewSt. Allerdings ist der Sonderfall der Betriebsaufspaltung zu berücksichtigen. Wenn die personelle und sachliche Verflechtungen vorliegen, wird eine (unechte) Betriebsaufspaltung angenommen (vgl. Lektion 8). Folge wäre dann, dass das Grundstück bei X BV wird, dieser Einkünfte aus Gewerbebetrieb erzielt und die Pacht als Betriebseinnahme der GewSt-Pflicht unterliegt.

Lesen Sie nun bitte die Leitsätze 16 und 11 nochmals parallel.

Leitsatz 16

Gewerbesteuerliche Anerkennung schuldrechtlicher Beziehungen zwischen Gesellschaft und Gesellschafter

Zwischen einem Einzelunternehmen und dem Unternehmer sind schuldrechtliche Beziehungen zivilrechtlich nicht möglich (§ 181 BGB). Sie werden daher auch gewerbesteuerlich nicht anerkannt. Zwischen einer MUschaft und einem MU sind schuldrechtliche Beziehungen zivilrechtlich eingeschränkt möglich. Sie werden steuerlich durch das SBV geregelt (§ 15 Abs. 1 Nr. 2 S. 1 EStG). Gewinne aus dem SBV sind gewerbesteuerpflichtig.
Da Kapitalgesellschaften eine eigene Rechtspersönlichkeit besitzen,

➡

werden schuldrechtliche Beziehungen zwischen ihnen und ihren Gesellschaftern steuerlich anerkannt. Allerdings sind die Hinzurechnungen nach § 8 GewStG zu beachten. Ist eine Betriebsaufspaltung gegeben, unterliegt der Gewerbeertrag des Besitzunternehmens der GewSt-Pflicht.

2.2 Gewerbesteuerliche Behandlung von Beteiligungserträgen

Fall 102

Das Unternehmen Y hält eine Beteiligung an dem Unternehmen Z. Unterliegt der Beteiligungsertrag der GewSt?

Es kommt darauf an. Versuchen Sie bitte zunächst selbst das Problem zu strukturieren. Bitte lesen sie erst dann den nächsten Leitsatz, der Ihnen dann auch die Lösung benennt.

Leitsatz 17

Gewerbesteuerliche Behandlung von Beteiligungserträgen

Ist das beteiligte Unternehmen ein Einzelunternehmen oder eine MUschaft,

– so greift für erhaltene Beteiligungserträge die Kürzung nach § 9 Nr. 2 GewStG, wenn die Tochter eine **MUschaft** ist und der Beteiligungsertrag ansonsten einer Doppelbesteuerung unterliegen würde.

– so greift für erhaltene Beteiligungserträge i. S. v. § 3 Nr. 40 d) EStG i. V. m. § 7 Abs. 1 GewStG die Kürzung nach § 9 Nr. 2a GewStG, wenn die Tochter eine **inländische Kapitalgesellschaft** ist, die Beteiligung mindestens 15% beträgt und der Beteiligungsertrag ansonsten einer Doppelbesteuerung unterliegen würde. Wenn die Tochter eine **ausländische Kapitalgesellschaft** mit aktiven Einkünften i. S. d. § 8 Abs. 1 AStG ist und die Beteiligung mindestens 15% beträgt, greift die Kürzung nach § 9 Nr. 7 GewStG. Ist das nicht der Fall, wird das TEV gem. § 8 Nr. 5 GewStG rückgängig gemacht.

Ist das beteiligte Unternehmen eine Kapitalgesellschaft,

– so greift hinsichtlich erhaltener Beteiligungserträge die Steuerbefreiung des § 8b Abs. 1 KStG wegen § 7 Abs. 1 GewStG auch für die GewSt, wenn das Tochterunternehmen eine Kapitalgesellschaft ist. Wenn die Beteiligung § 9 Nr. 2a bzw. 7 GewStG nicht erfüllt, findet eine Hinzurechnung nach § 8 Nr. 5 GewStG statt.

– so greift für erhaltene Beteiligungserträge die Befreiung nach § 9 Nr. 2 GewStG, wenn das Tochterunternehmen eine **MUschaft** ist und der Beteiligungsertrag ansonsten einer Doppelbesteuerung unterliegen würde.

V.   Sonderfragen der Ertragsteuern

Lektion 11: Besteuerung von Veräußerungserfolgen

1 Veräußerungserfolge natürlicher Personen

Ein ganz wesentlicher Unterschied zwischen den Gewinn- und Überschusseinkunftsarten liegt in der Besteuerung von Erfolgen aus der Veräußerung von Wirtschaftsgütern.

> Grundsätzlich werden **Veräußerungserfolge aus dem Betriebsvermögen** (BV) eines Unternehmens besteuert. **Veräußerungserfolge aus dem Privatvermögen** (PV) werden hingegen i. d. R. nicht besteuert, unabhängig davon, ob das Wirtschaftsgut der Einnahmenerzielung dient.

Fall 103

X veräußert ein Haus, das er zwölf Jahre lang vermietet hatte.

Während die Mieteinnahmen zu den Einkünften aus Vermietung und Verpachtung gehören, fällt der Veräußerungserfolg nicht darunter. Anders wäre es wieder, wenn das Haus (z.B. Bürogebäude) zu seinem BV gehören würde.

Von dem einfachen Grundsatz, dass Veräußerungserfolge im PV nicht steuerbar sind, haben sich im Laufe der Zeit viele Ausnahmen gebildet. Hinsichtlich der ESt ergeben sich vor allem Besonderheiten für das BV aus den §§ 16 i.V.m. 34 EStG und für das PV aus den §§ 17 und 22 Nr. 2 i.V.m. 23 EStG. Außerdem ist zu beachten, dass Erfolge auch Wertpapiergeschäften ab 2009 durch § 20 Abs. 2 EStG erfasst werden.

> Unter welchen Voraussetzungen ein Wirtschaftsgut zum (notwendigen bzw. gewillkürten) BV oder PV gehört, wird in R 4.2 und H 4.2 EStR dediziert erläutert.

1.1 Veräußerungen aus dem Betriebsvermögen natürlicher Personen

Veräußerungen einzelner Wirtschaftsgüter des BV führen grundsätzlich zu laufenden Einkünften im Sinne der §§ 15, 13 oder 18 EStG. Der gewerbliche Gewinn unterliegt darüber hinaus der GewSt.

■■■■ Fall 104

X ist Gebrauchtwagenhändler. In seinem BV befinden sich Aktien der Stern-Automobil-AG. Er verkauft diese Aktien mit Gewinn. Muss er den Gewinn versteuern?

Auch der Erfolg aus einer Veräußerung von Anteilen an einer Kapitalgesellschaft zählt zum laufenden Gewinn. Allerdings findet in diesem Fall, ander als bei der Besteuerung auf privater Ebene, das Teileinkünfteverfahren Anwendung, weil hier § 30 Nr. 40a in Verbindung mit § 3 Nr. 40 S. 2 EStG greift. Da es sich beim Veräußerer der Anteile um einen Gewerbetreibenden handelt, ist der erzielte Veräußerungsgewinn wegen § 7 Abs. 1 GewStG (auch nur anteilig) gewerbesteuerpflichtig. Im Rahmen der anderen Gewinneinkunftsarten fällt aufgrund der fehlenden Gewerblichkeit der Einkünfte keine GewSt an.

Um die Einzelunternehmen und MUschaften bei der Veräußerung von Anteilen an einer Kapitalgesellschaft nicht zu diskriminieren (für sie gilt § 8b Abs. 2 KStG nicht), können sie die durch den Verkauf aufgelösten stillen Reserven gemäß § 6b Abs. 10 EStG bis zu einer Höhe von 500.000 € auf andere Wirtschaftsgüter übertragen bzw. zwischenzeitlich in eine steuerfreie Rücklage einstellen.

■■■■ Fall 105

Wie Fall 104. In seinem BV hält X außerdem alle Anteile an der Shooting-Star-AG. Er verkauft diese Aktien mit erheblichem Gewinn, da seine Anschaffungskosten 100.000 € waren und der Veräußerungserlös 400.000 € beträgt. Da X gerade seinen sechzigsten Geburtstag feiert, übernimmt der Käufer alle Transaktionskosten. Muss er den Gewinn versteuern?

Grundsätzlich sollte das gleiche wie in Fall 104 gelten. Wird aber ein kompletter Gewerbebetrieb oder ein Teilbetrieb bzw. ein Mitunternehmeranteil nach § 16 Abs. 1 Nr. 1 oder 2 EStG veräußert, so unterliegen die

daraus erzielten Erfolge einer ermäßigten Besteuerung nach §§ 16 i. V.
m. 34 EStG. Besteht der Teilbetrieb aus einer 100%igen Beteiligung an
einer Kapitalgesellschaft, findet allerdings nicht § 34 EStG, sondern § 3
Nr. 40b EStG Anwendung. Die Ermittlung der Einkünfte nach § 16 EStG
lässt sich für VZ ab 2009 schematisch wie folgt darstellen:

Übersicht 13: Ermittlung der Einkünfte gemäß § 16 EStG

Veräußerungspreis
./.   Veräußerungskosten
./.   Wert des Betriebsvermögens (EK bzw. EK-Anteil)
=   Veräußerungsgewinn gemäß § 16 Abs. 2 EStG

Veräußerungsgewinn
./.   136.000 €
=   Verringerungsbetrag gem. § 16 Abs. 4 S. 3 EStG (wenn positiv)

Freibetrag gem. § 16 Abs. 4 S. 1 EStG
(45.000 €)
./.   Verringerungsbetrag
=   gewährter Freibetrag (wenn positiv)

Veräußerungsgewinn
./.   gewährter Freibetrag (wenn über 55 Jahre oder berufsunfähig)
=   Einkünfte gemaß § 16 EStG

Vom Veräußerungsgewinn sind bei Veräußerung einer
100%-Beteiligung nur 60% anzusetzen (§ 3 Nr. 40b i.V.m.
§ 16 Abs. 2 EStG). Ansonsten sind die Einkünfte voll zu erfassen,
dafür ist dann § 34 EStG zu prüfen.

Im Fall 105 führt der Veräußerungsgewinn zu einem Verringerungs-
betrag von 44.000 €. Damit kann X, da er über 55 Jahre alt ist, einen
Freibetrag von 45.000 € (gewährter Freibetrag: 1.000 €) geltend machen.
Von dem steuerpflichten Teil des Veräußerungsgewinns (180.000 €) zieht

X somit den gewährten Freibetrag ab und versteuert 179.000 € nach § 16 EStG.

Für Veräußerungsgewinne i. S. d. § 34 Abs. 2 Nr. 1 EStG sieht § 34 Abs. 1 EStG alternativ eine Besteuerung nach der so genannten Fünftelregelung vor. Sie wurde geschaffen, um die Wirkung des Progressionseffekts bei auf einen Zeitpunkt geballten Einkünften abzuschwächen. Anwendungsbeispiele für die komplizierte Vorschrift finden sich in H 34.2 EStR. Davon abweichend können Steuerpflichtige, die mindestens 55 Jahre alt oder dauernd berufsunfähig sind, einmal im Leben die Anwendung des § 34 Abs. 3 EStG beantragen. Er sieht eine Besteuerung dieser Einkünfte mit 56 % des durchschnittlichen Einkommensteuersatzes vor, soweit die begünstigten Einkünfte nicht mehr als 5 Mio. € betragen. Dieser darf allerdings den Eingangssteuersatz (seit 2005: 15 %) nicht unterschreiten. Welche der beiden Regelungen für den Steuerpflichtigen günstiger ist, hängt vom Einzelfall ab.

Veräußerungsgewinne nach § 16 EStG unterliegen nicht der GewSt, da es sich nicht um laufende Gewinne aus Gewerbebetrieb handelt. Allerdings greift diese Regelung nach A 39 Abs. 1 Nr. 1 S. 13 GewStR bei einem Teilbetrieb in Form einer 100 %igen Beteiligung nur, sofern die Veräußerung des Anteils in engem Zusammenhang mit der Aufgabe des Gewerbebetriebs erfolgt. Ist dies nicht der Fall, sind konsequenterweise 60 % dieses Gewinns Gewerbeertrag, da § 9 Nr. 2a GewStG nicht einschlägig ist.

1.2 Veräußerungen aus dem Privatvermögen natürlicher Personen

Positive und negative Veräußerungserfolge aus dem PV werden i. d. R. steuerlich nicht erfasst. Ausnahmen bilden die §§ 17, 20 Abs. 2 und 22 Nr. 2 i. V. m. 23 EStG.

Bei einer privaten Wertpapierveräußerung (Veräußerung einer Beteiligung an einer Kapitalgesellschaft aus dem PV) werden die Erfolge als Einkünfte aus Gewerbebetrieb qualifiziert (!) und nach § 17 i. V. m. § 3 Nr. 40 c) EStG besteuert, wenn der Veräußerer innerhalb der letzten fünf Jahre am Kapital der Gesellschaft zu mindestens 1 % beteiligt war. Auf den Veräußerungsgewinn findet also wiederum das Teileinkünfteverfahren Anwendung. Für die Einkünfteermittlung nach § 17 Abs. 2 und 3 EStG kann auf die Übersicht 13 zu § 16 EStG verwiesen werden, da die

Ermittlung grundsätzlich nach dem gleichen Schema erfolgt und lediglich die Freibeträge differieren.

 Beachten Sie bitte auch, dass Einkünfte i. S. v. § 17 EStG nicht zu einer Gewerbesteuerpflicht führen, da die Einkünfte zwar im EStG als Einkünfte aus Gewerbebetrieb bezeichnet werden, ein stehender Gewerbebetrieb jedoch nicht vorliegt (A 39 Abs. 1 Nr. 2 GewStR).

Besteuert werden auch besondere private Veräußerungsgeschäfte nach den §§ 22 Nr. 2 i.V.m. 23 EStG. Hierzu zählen insbesondere die Veräußerung von Grundstücken und anderen Wirtschaftsgütern innerhalb bestimmter Fristen. So greift § 23 EStG bei einem Erfolg aus einem Grundstücksverkauf nur, wenn die Veräußerung innerhalb einer (in § 23 Abs. 1 Nr. 1 EStG festgelegten) Zehnjahresfrist nach der Anschaffung erfolgt oder im Falle von anderen Wirtschaftsgütern eine Frist von einem Jahr (§ 23 Abs. 1 Nr. 2 EStG) unterschritten wird. In diesen Fällen gehen die erzielten Einkünfte als sonstige Einkünfte i. S. d. § 22 Nr. 2 EStG in die Bemessungsgrundlage der ESt ein.

 Beachten Sie bitte, dass § 23 EStG lediglich eine Definitionsnorm ist, die die sonstigen Einkünfte aus § 22 Nr. 2 EStG konkretisiert.

Fall 106

X hält seit sechs Wochen einige Aktien eines großen deutschen IT-Unternehmens. Er ärgert sich, dass er die beschlossene Dividende gemäß § 20 Abs. 1 Nr. 1 EStG pauschal mit 25 % versteuern müsste. Deshalb veräußert er seine Anteile, bevor die Dividendenausschüttung erfolgt. Hilft ihm das?

Das hilft ihm wenig. Erfolge aus der Veräußerung von Wertpapieren werden ab 2009 ebenfalls mit 25 % KESt belegt.

Fall 107

X möchte an der Börse spekulieren. Er erwirbt in 2009 Aktien für 10.000 € und Anteile an einem Aktienfonds für 5.000 €. Während sich der Aktienkurs binnen sechs Monaten halbiert, steigt wenigstens der Wert seiner Fondsanteile auf 7.000 €. X hat genug von der Börse und verkauft seine

Wertanlagen. Wie sind die steuerlichen Folgen?

Mit Verkauf hat X einen Veräußerungsgewinn (2.000 €) und einen Veräußerungsverlust (5.000 €) erzielt. § 20 Abs. 6 S. 5 EStG verbietet den externen Verlustausgleich und Verlustabzug (vgl. hierzu Lektion 6), und beschränkt auch den internen. X kann also zunächst den Gewinn mit dem Verlust ausgleichen und die restlichen 3.000 € mit Gewinnen aus privaten Wertpapiergeschäften des Vorjahres oder späterer Jahre verrechnen. Anzumerken sei an dieser Stelle noch, dass unklar ist, ob § 20 Abs. 2 dem § 17 EStG bei der Prüfung der Besteuerungsgrundlage vorgeht.

Leitsatz 18

!

Anwendungsbereiche der §§ 16, 17 und 23 EStG

§§ 17 i. V. m. 3 Nr. 40 c) EStG finden auf Veräußerungserfolge natürlicher Personen aus dem PV Anwendung. Bei Veräußerungen aus dem gewerblichen BV sind hingegen die §§ 15 bzw. 16 i. V. m. 34 bzw. i. V. m. § 3 Nr. 40 a) und b) EStG zu prüfen!
Private Veräußerungserfolge im Sinne von § 23 EStG werden nach § 22 Nr. 2 EStG versteuert. Bei Veräußerung von Wertpapieren greift ab 2009 im BV das Teileinkünfteverfahren gemäß § 3 Nr. 40c EStG und im PV gilt § 20 Abs. 2 EStG, wenn § 17 keine Anwendung findet.

2 Veräußerungserfolge juristischer Personen

Die durch eine Kapitalgesellschaft erzielten Veräußerungserfolge unterliegen grundsätzlich der KSt nebst Soli sowie der GewSt. Eine wichtige Ausnahme hiervon findet sich in § 8b Abs. 2 KStG. Diese Vorschrift sieht die generelle KSt-Befreiung von Gewinnen aus einer Veräußerung von Anteilen an anderen Kapitalgesellschaften vor. Diese Freistellung schlägt aufgrund der Relevanz der Ermittlungsvorschriften zum körperschaftsteuerlichen Einkommen für die Berechnung des Gewerbeertrags auch auf die GewSt durch (§ 7 S. 4 GewStG). Auf die Ausnahmen von dieser Befreiung in § 8b Abs. 7 bis 9 KStG sei lediglich hingewiesen.

Von den freigestellten Veräußerungsgewinnen gelten 5 % als nicht abziehbare Betriebsausgaben (§ 8b Abs. 3 S. 1 KStG). Ebenso dürfen Veräußerungsverluste nicht steuerlich geltend gemacht werden (§ 8b Abs. 3 S. 3 KStG).

3 Veräußerung von Anteilen an Kapitalgesellschaften

Übersicht 14 fasst die dargestellten Rechtsfolgen bei der Veräußerung von Kapitalgesellschaftsanteilen zusammen. Von dem zu Beginn der Lektion formulierten Grundsatz ist wenig übrig geblieben.

Übersicht 14: Veräußerung von Anteilen an einer Kapitalgesellschaft			
Veräußerung von Anteilen an einer Kapitalgesellschaft	Beteiligung = 100% und Veräußerung = 100%	100% > Beteiligung ≥ 1%	Beteiligung < 1%
aus dem BV einer natürlichen Person	Einkünfte aus Gewerbebetrieb bzw. (LaFo oder selbständige Arbeit) nach § 16 Abs. 1 i. V. m. § 3 Nr. 40 b) EStG Keine GewSt, wenn Aufgabe des Gewerbes erfolgt.	Laufender Gewinn nach § 15 (bzw. nach § 13 oder § 18 EStG) i. V. m. § 3 Nr. 40 a) EStG. § 6b Abs. 10 EStG prüfen. Der gewerbliche Gewinn unterliegt (teilweise) der GewSt.	
aus dem PV ab 2009	Fiktive Einkünfte aus Gewerbebetrieb nach § 17 i. V. m. § 3 Nr. 40 c) EStG. Keine GewSt, da Gewerbebetrieb nur fingiert wird.		Einkünfte aus Kapitalvermögen § 20 Abs. 2 Nr. 1 EStG
aus dem PV vor 2009	Bei Beteiligungen unter 1% nicht steuerbar, wenn Verkauf nach Ablauf mindestens eines Jahres nach Anschaffung erfolgt; sonst gilt das HEV.		
aus dem BV einer Kapitalgesellschaft	Generelle Freistellung nach § 8b Abs. 2 KStG gilt über § 7 S. 4 GewStG auch für die GewSt.		

Lektion 12: Einführung in das internationale Ertragsteuerrecht

1 Die Einkommensteuerpflicht

Gegenstand des internationalen Steuerrechts ist nicht die Darstellung der Steuersysteme anderer Staaten. In diesem Fall würde man eher von ausländischem Steuerrecht oder vergleichendem Steuerrecht sprechen. Im internationalen Steuerrecht geht es in erster Linie um die Steuerwirkungen in Deutschland bei grenzüberschreitenden wirtschaftlichen Aktivitäten. Dabei gibt es zwei Zielrichtungen: Zum einen werden Steuerinländer (unbeschränkt Steuerpflichtige) mit Auslandsaktivitäten, zum anderen Steuerausländer mit Inlandsaktivitäten (beschränkt Steuerpflichtige) betrachtet. Wie Ihnen bekannt ist, unterliegen Steuerinländer der unbeschränkten Steuerpflicht (§ 1 Abs. 1 EStG bzw. § 1 Abs. 1 KStG) mit der Folge, dass ihr Welteinkommen in Deutschland besteuert wird. Beschränkt Steuerpflichtige (§ 1 Abs. 4 EStG bzw. § 2 KStG) werden in Deutschland nur mit ihren inländischen Einkünften i.S.d. § 49 EStG besteuert.

▬▬ Fall 108

X ist in Polen ansässig. Er gibt dem in Deutschland wohnhaften Y ein ungesichertes Darlehen zu angemessenen Zinsen. Muss X die Zinsen in Deutschland versteuern?

X könnte gemäß § 1 Abs. 4 EStG beschränkt einkommensteuerpflichtig mit seinen inländischen Einkünften nach § 49 EStG sein. Hierunter fallen gemäß § 49 Abs. 1 Nr. 5 EStG auch Einkünfte aus Kapitalvermögen. Die Zinsen werden aber von § 49 Abs. 1 Nr. 5 c) aa) S. 1 EStG nur dann in Deutschland erfasst, wenn ein deutscher Anknüpfungspunkt besteht. Anknüpfungspunkte sind insbesondere Sicherungen durch Eintragungen ins Grundbuch oder Schiffsregister. Dies ist hier nicht gegeben. Die Zinsen sind also in Deutschland nicht steuerbar.

▬▬ Fall 109

Außerdem vertreibt X Plastikgartenzwerge an deutsche Kunden. Diese können die Kunstwerke per Katalog bestellen. Sie werden ihnen dann per Nachnahme aus Polen zugeschickt. Ist er in Deutschland ESt-pflichtig? Hier liegen Einkünfte aus Gewerbebetrieb vor. Auch für diese muss ein nationaler Anknüpfungspunkt bestehen, damit Deutschland besteuern kann. Dies ist nach § 49 Abs. 1 Nr. 2 a) EStG insbesondere eine Betriebstätte in Deutschland. Der Betriebstättenbegriff ist in § 12 AO definiert. Eine Betriebstätte existiert nicht und auch die alternativen Voraussetzungen des § 49 Abs. 1 Nr. 2 EStG sind nicht erfüllt. Die Einkünfte sind also in Deutschland ebenfalls nicht steuerbar.

■■■ Fall 110

Um die Lieferzeiten zu verkürzen, mietet X in der deutschen Grenzstadt FF eine Halle, die er als Geschäftsstelle benutzt. Von dort aus versendet er nunmehr die Ware und verkauft sie zusätzlich vor Ort.

Jetzt ist es soweit. Unter die Betriebstättendefinition des § 12 AO fallen explizit auch Warenlager und Verkaufsstellen. Da eine Betriebstätte vorliegt, greift § 49 Abs. 1 Nr. 2 a) EStG und X unterliegt mit seinen deutschen Einkünften der deutschen ESt.

Während unbeschränkt Steuerpflichtige neben Betriebsausgaben und Werbungskosten z.B. auch Sonderausgaben und außergewöhnliche Belastungen, ggf. auch den Splittingtarif in Anspruch nehmen können, hält § 50 EStG für beschränkt Steuerpflichtige ein Reihe von Sondervorschriften parat. So weisen § 50 Abs. 1 S. 4 und S. 5 sowie Abs. 3 EStG darauf hin, dass diese drei Vorteile für beschränkt Steuerpflichtige nicht (bzw. bei beschränkt steuerpflichtigen Arbeitnehmern nur sehr begrenzt) gelten. Ebenso können sie den Verlustabzug nach § 10d EStG wegen § 50 Abs. 2 EStG auf bestimmte Einkünfte nicht in Anspruch nehmen. Darüber hinaus verlangt § 50 Abs. 3 S. 2 EStG, dass der Durchschnittssteuersatz der ESt bei Veranlagung nicht unter 25% liegen darf, sofern keine Einkünfte aus nichtselbständiger Arbeit i.S.v. § 49 Abs. 1 Nr. 4 EStG vorliegen.

> Unbedingt zur Kenntnis nehmen sollten Sie § 50 Abs. 5 EStG: Wenn das EStG für beschränkt Steuerpflichtige einen Quellenabzug vorsieht (z.B. LSt und KESt, vgl. Lektion 5), ist die deutsche Steuerpflicht damit abgegolten. Es erfolgt dann keine ESt-Veranlagung.

■■■ Fall 111

Die bekannte britische Boygroup OOPS gibt zum ersten Mal ein Konzert in Deutschland. Mit dem Veranstalter haben sie ein Honorar i.H.v.

200.000 € ausgehandelt. Ihre Kosten (Logistik, Personal, Equipment) betragen 100.000 €. Wie viel ESt zahlen sie in Deutschland?

Die Bandmitglieder sind nach den §§ 1 Abs. 4 i. V. m. 49 Abs. 1 Nr. 2 d) EStG in Deutschland beschränkt einkommensteuerpflichtig. Die Steuerpflicht ist durch einen Quellenabzug i.H.v. maximal 20 % der Einnahmen (!) nach § 50a Abs. 4 S.4 i.V.m. § 50 Abs. 5 S. 1 EStG abgegolten. Damit es auch der Letzte mitbekommt, weist § 50a Abs. 4 S. 2 EStG explizit darauf hin, dass Abzüge für Betriebsausgaben, Sonderausgaben oder außergewöhnliche Belastungen nicht zulässig sind.

Neben der

▶   „normalen" unbeschränkten Steuerpflicht nach § 1 Abs. 1 EStG

und der

▶   „normalen" beschränkten Steuerpflicht nach § 1 Abs. 4 EStG

haben sich im Laufe der Zeit eine Reihe von Zwischen- und Sonderformen entwickelt. Auch wenn Sie mit ihnen in der Praxis selten konfrontiert sind, sollten Sie von deren Existenz zumindest einmal etwas gehört haben. Es sind:

▶   Die erweiterte unbeschränkte Steuerpflicht nach § 1 Abs. 2 EStG

Diese Norm zielt in erster Linie auf deutsche Botschaftsmitarbeiter und deren Haushaltsangehörige im Ausland ab. Hier spielt also tatsächlich einmal die Staatsbürgerschaft eine Rolle. Sie sind in Deutschland nicht ansässig, unterliegen aber i.d.R. auch im Ausland nur der dortigen beschränkten Steuerpflicht, weil internationale Abkommen dies meist vorsehen. Es gilt das so genannte Kassenstaatsprinzip.

▮ Fall 112

Der deutsche Staatsbürger X ist als Auslandskorrespondent beim Zweiten Deutschen Fernsehen angestellt und in Polen tätig. Seinen Wohnsitz in Deutschland hat er daher schon vor Jahren aufgegeben. Er besucht seine Heimat aber regelmäßig zu Weihnachten und zu Ostern. Ist X steuerpflichtig?

X unterliegt zwar nicht der normalen unbeschränkten Steuerpflicht, könnte aber sehr wohl erweitert unbeschränkt steuerpflichtig nach § 1 Abs. 2 EStG sein. Er hat weder Wohnsitz noch gewöhnlichen Aufenthalt in Deutschland, steht aber bei einer deutschen Körperschaft des öffentlichen Rechts in einem Arbeitsverhältnis, besitzt die deutsche Staatsbürgerschaft und bezieht seinen Lohn aus einer inländischen öffentlichen Kasse. Ob er tatsächlich unter die erweiterte unbeschränkte Steuerpflicht fällt, ist gemäß § 1 Abs. 2 S. 2 EStG auch davon abhängig, ob er in Polen lediglich beschränkt steuerpflichtig ist. Hierfür wäre das polnische Steuerrecht zu prüfen.

▶ **Die fiktiv unbeschränkte Steuerpflicht nach § 1 Abs. 3 EStG**

Diese Norm gestattet beschränkt Steuerpflichtigen unter bestimmten Voraussetzungen die Option zu einer der unbeschränkten Steuerpflicht angenäherten Besteuerung. Durch die Optionsausübung können insbesondere Sonderausgaben und außergewöhnliche Belastungen in Deutschland geltend gemacht werden. Dies stünde „normalen" beschränkt Steuerpflichtigen nicht zu. Der Splittingtarif wird aber auch durch § 1 Abs. 3 EStG nicht gewährt (vgl. § 26 Abs. 1 S. 1 EStG). Voraussetzung für die Option ist gemäß § 1 Abs. 3 S. 2 EStG, dass die nicht inländischen Einkünfte relativ (weniger als 10 % des Welteinkommens) oder absolut (grundsätzlich weniger als 6.136 €) gering sind. Für EU-Bürger sieht § 1a EStG eine zusätzliche Verbesserung hinsichtlich der Abzugsfähigkeit von Sonderausgaben und außergewöhnlichen Belastungen sowie den Splittingtarif vor.

▶ **Die erweiterte beschränkte Steuerpflicht nach § 2 Abs. 1 AStG**

Zieht ein deutscher Staatsbürger, der in den letzten zehn Jahren hier mindestens fünf Jahre unbeschränkt steuerpflichtig war, in eine so genannte Steueroase, könnte die erweiterte beschränkte Steuerpflicht nach § 2 Abs. 1 Außensteuergesetz (AStG) greifen. Wenn er weiterhin wesentliche wirtschaftliche Interessen in Deutschland hat und die nicht ausländischen Einkünfte mehr als 16.500 € betragen, wird er trotz des „Austritts" aus der unbeschränkten Steuerpflicht noch weitere zehn Jahre mit allen Einkünften, die nicht unter § 34d EStG fallen (ausländische Einkünfte), besteuert. Außerdem wird die Abgeltung durch die Quellensteuern nach § 50 Abs. 5 EStG aufgehoben (§ 2 Abs. 5 AStG). Um den Sinn der Vorschrift zu verstehen, muss man § 49 EStG (inländische Einkünfte, die bei der „normalen" beschränkten Steuerpflicht erfasst werden) und die Differenz aus Welteinkommen und ausländischen Einkünften nach § 34d EStG vergleichen. Sie werden feststellen, dass die Differenz der Einkünfte aus § 2 EStG und § 34d EStG größer ist als die inländischen Einkünfte nach § 49 EStG.

▬▬ Fall 113

Der berühmte deutsche Sportler X zieht aus Deutschland nach Monte Carlo. Er erzielt weiterhin Zinseinnahmen i.H.v. 65.000 € p. a. von einer deutschen Bank. Muss er diese in Deutschland versteuern?

Würde er der normalen beschränkten Steuerpflicht nach § 1 Abs. 4 EStG unterliegen, bräuchte er sie nicht zu versteuern, weil keine inländischen Einkünfte nach § 49 Abs. 1 Nr. 5 c) EStG vorliegen. Gemäß § 2 Abs. 1 AStG unterliegt er aber der erweiterten beschränkten Steuerpflicht, da die Tatbestandsmerkmale dieser Norm erfüllt sind. Insbesondere ist Monaco eine Steueroase i. S. v. § 2 Abs. 2 AStG und wesentliche wirtschaftliche Interessen in Deutschland existieren nach § 2 Abs. 3 AStG auch. X muss also in den nächsten zehn Jahren alle Einkünfte, die nicht ausländische nach § 34d EStG sind, in Deutschland versteuern. Hierzu gehören auch die Zinsen des X.

▶ Die Wegzugsbesteuerung nach § 6 AStG

Unabhängig davon, ob der Steuerpflichtige in eine Steueroase zieht, greift die Wegzugsbesteuerung des § 6 AStG. Wenn ein unbeschränkt Steuerpflichtiger eine Beteiligung i.S.v. § 17 EStG veräußern würde, müsste er den Gewinn (ermäßigt nach den §§ 17 i.V.m. 3 Nr. 40 c) EStG) versteuern. Wenn er aber vor der Veräußerung ins Ausland zieht, hat der Gesetzgeber für Fälle, in denen eine mindestens zehnjährige unbeschränkte Steuerpflicht vorlag, § 6 AStG eingeführt, durch den eine fiktive Veräußerung der Beteiligung im Zeitpunkt der Beendigung der unbeschränkten Steuerpflicht besteuert wird. Ausnahmen ergeben sich für EU-Fälle aus § 6 Abs. 5 AStG.

2 Maßnahmen zur Vermeidung oder Verminderung der Doppelbesteuerung

Bei internationalen Aktivitäten kann es zur Doppelbesteuerung von Einkünften kommen. Wenn etwa ein in Polen ansässiger Steuerpflichtiger aus Deutschland Einkünfte i. S. d. § 49 EStG erzielt, unterliegt er mit diesen Einkünften in Polen der dortigen unbeschränkten und in Deutschland der beschränkten Einkommensteuerpflicht. Wenn ein Steuerpflichtiger in zwei Staaten einen festen Wohnsitz hat, kann er in beiden Staaten unbeschränkt einkommensteuerpflichtig sein. Entsprechende Konstellationen können auch Kapitalgesellschaften betreffen (z.B. doppelte Geschäftsleitung). Diese Fälle der internationalen Doppelbesteuerung sollen durch geeignete Rechtsnormen vermieden oder zumindest vermindert werden. Dabei unterscheidet man zwischen den unilateralen Maßnahmen, dies sind einzelstaatliche Regelungen (z.B. §§ 34c EStG und 26 KStG), und bilateralen Maßnahmen.

2.1 Unilaterale Maßnahmen

■■■ Fall 114

Der in Deutschland ansässige X erzielt Einkünfte aus Gewerbebetrieb aus einer Betriebstätte in Libyen (Gewinn 100.000 €). Zwischen Deutschland und Libyen existiert kein DBA. Auf diesen Gewinn hat er in Libyen umgerechnet 30.000 € einer der ESt vergleichbaren Steuer gezahlt. Auf sein zvE in Deutschland soll er 120.000 € ESt zahlen, was einem Durchschnittssteuersatz von 40 % entsprechen soll. Wie viel deutsche ESt muss X auf den Betriebstättengewinn zahlen?

X ist in Libyen (beschränkt) steuerpflichtig mit dem Betriebstättengewinn. In Deutschland ist er unbeschränkt einkommensteuerpflichtig. Daher muss er hier auch den Betriebstättengewinn versteuern. Um die Doppelbesteuerung zu vermeiden, darf er aber die libysche Steuer nach § 34c Abs. 1 EStG auf die deutsche Steuer anrechnen. Da es sich um eine begrenzte Anrechnung handelt, ist nur das Minimum aus folgenden drei Größen anrechenbar:

▶ Man kann nicht mehr ausländische Steuern anrechnen, als man in diesem Staat gezahlt hat (SA = 30.000 €).
▶ Man kann nicht mehr ausländische Steuern anrechnen, als man in Deutschland gezahlt hat (SI = 120.000 €).

▶   Man darf nicht mehr ausländische Steuern anrechnen, als man in
Deutschland auf die ausländischen Einkünfte zahlen würde (Anrech-
nungshöchstbetrag AHB = 100.000 · 40% = 40.000 €).

SA ist für diesen Fall das Minimum. X darf also die gesamte libysche
Steuer auf die deutsche ESt anrechnen. Er zahlt auf seinen Betriebstät-
tengewinn (vor Steuern) in Libyen 30.000 € und in Deutschland 10.000 €
Steuern.

Fall 115
Wie Fall 114, nur beträgt die libysche Steuer 45.000 €.

In diesem Fall greift der AHB. Er darf nicht mehr ausländische Steuern
anrechnen, als er deutsche Steuern auf diese Einkünfte zahlen würde.
Ansonsten würde der deutsche Fiskus den ausländischen subventio-
nieren. Also muss X auf den Betriebstättengewinn in Libyen 45.000 €
zahlen und in Deutschland nichts, da er sich hier (nur) 40.000 € auf die
ESt anrechnet.

Fall 116
X ist zu 50% an einer libyschen GmbH beteiligt. Der GmbH-Gewinn
(200.000 €) wird, nachdem Libyen 40% KSt (= 80.000 €) und 20%
Quellensteuer auf die Dividende (= 24.000 €) erhoben hat, an die Gesellschafter ausgeschüttet. X erhält also 48.000 €.

X ist nun mit seinen Einkünften aus Kapitalvermögen in Deutschland
einkommensteuerpflichtig. Die Dividenden unterliegen zu 60% (ab 2009)
der ESt (§§ 20 Abs. 1 Nr. 1 i.V.m. § 3 Nr. 40d) EStG). Er kann sich seine
ausländische Quellensteuer SA (12.000 €) wieder auf die deutsche ESt
anrechnen; und zwar nicht nur anteilig, sondern SA, sofern SA kleiner
als SI und AHB ist.

Ein Problem liegt aber darin, dass die KSt der GmbH bei ihm nicht anrechenbar ist, weil sie die Steuer einer anderen Rechtsperson ist. Juristisch
wird also die Doppelbesteuerung vermieden, wirtschaftlich aber nicht. Diese
unbefriedigende Situation wird von § 34c EStG in Kauf genommen.
Man spricht hier von direkter Anrechnung, im Gegensatz zur indirekten
Anrechnung, bei der auch Steuern anderer Rechtssubjekte anrechenbar
sind. Die indirekte Anrechnung gibt es z.B. im DBA zwischen Deutschland und den USA. Was ein DBA ist, werden Sie gleich erfahren.

§ 34c Abs. 2 EStG gestattet, dass der Steuerpflichtige auf die Anrechnung verzichtet und stattdessen einen Steuerabzug vornimmt. Zunächst muss dies verwundern, da scheinbar die Anrechnung immer besser sein sollte. Bei ihr wird durch die ausländischen Steuern die ESt direkt gemindert; beim Abzug mindern diese lediglich die Bemessungsgrundlage der ESt.

▬▬ Fall 117

Wie Fall 116. X will trotzdem wissen, ob sich die Option für ihn lohnt!
Wählt X den Abzug nach § 34c Abs. 2 EStG, kann er lediglich die libysche Steuer von der deutschen Bemessungsgrundlage abziehen. Bei einem unterstellten Differenzsteuersatz von 30 % würde er durch den Abzug (12.000 · 0,3 =) 3.600 € Steuerersparnis in Deutschland haben, durch die Anrechnung hingegen 12.000 €.

In seltenen Fällen ist dennoch der Abzug einer Anrechnung vorzuziehen. Insbesondere ist dies dann der Fall, wenn das Welteinkommen des X negativ ist. Da dann keine inländische ESt erhoben wird (SI = 0), ist eine Anrechnung nicht möglich. Wegen § 34c Abs. 1 S. 5 EStG können die ausländischen Steuern auch nicht vor- oder rückgetragen werden. Der Abzug der ausländischen Steuer aber erhöht den Verlust noch zusätzlich. Er kann dann im Wege eines Verlustrück- oder Verlustvortrags nach § 10d EStG geltend gemacht werden.

Zwei weitere unilaterale Maßnahmen zur Verminderung der Doppelbesteuerung, die Pauschalierung und der Erlass, seien ergänzend erwähnt. Der Gesetzgeber hat zur Pauschalierung in den § 34c Abs. 5 EStG eine Ermächtigung formuliert, die durch das BMF-Schreiben vom 10.4.1984, BStBl. I 1984, S. 252-253 (Pauschalierungserlass) umgesetzt wurde. Der Erlass der ESt für Arbeitnehmer, die im Ausland tätig sind, wird im so genannten Auslandstätigkeitserlass (BMF-Schreiben vom 31.10.1983, BStBl. I 1983, S. 470-471) geregelt. Der Erlass wird in der Literatur zwar regelmäßig als eine besondere Maßnahme zur Vermeidung der Doppelbesteuerung genannt, stellt aber nur einen Anwendungsfall der noch darzustellenden Freistellungsmethode dar.

2.2 Bilaterale Maßnahmen

Bilaterale Maßnahmen zur Vermeidung der Doppelbesteuerung sind in den Doppelbesteuerungsabkommen (DBA) geregelt. Ein DBA ist ein Vertrag zwischen zwei Staaten, in dem sie vereinbaren, wer bei Doppelbesteuerungsfällen in welchem Umfang auf eine Besteuerung verzichtet. Deutschland hat mit einer Vielzahl von Staaten solche bilateralen Abkommen abgeschlossen. Jedes Jahr wird im Januarheft des BStBl. I veröffentlicht, mit welchen Staaten DBA bestehen und wo sie abgedruckt sind. Bitte vergleichen Sie das aktuelle DBA Deutschland/Polen mit den folgenden Ausführungen.

    DBA Deutschland/Polen vom 14.05.2003, BStBl. I 2005, S. 349–363.

DBA, die Deutschland abgeschlossen hat, haben immer den gleichen Aufbau:

▶ **Zunächst wird der personelle, sachliche und räumliche Geltungsbereich dargelegt.**

In den ersten Artikeln steht also, für welche Personen und Steuerarten in welchem Staat das DBA gilt.

▶ **Im nächsten Teil folgen die Definitionen.**

Es wird z.B. geregelt, was eine Betriebstätte oder eine Gesellschaft i.S.d. DBA ist. Eine Definition kann durchaus von der in der AO abweichen.

▶ **Dann werden die vereinbarten Besteuerungsregeln dargelegt.**

Dies ist der wichtigste Teil. Hier werden die Einkunftsquellen genannt (Bedenken Sie, dass ja nicht alle Staaten die gleichen sieben Einkunftsarten unterscheiden wie das EStG!) und die Besteuerungsrechte verteilt. Hierbei sind zwei Wege möglich. Zum einen kann das Besteuerungsrecht allein einem Staat zugewiesen werden. Zum anderen ist aber auch möglich, dass beide Staaten besteuern dürfen. In diesem Fall kommt dem Methodenartikel eine zentrale Rolle zu.

▶ **Es folgt der Methodenartikel (Besteuerungsverzicht).**

Wenn nach diesen Besteuerungsregeln beide Staaten einen Steuerzugriff haben, regelt der Methodenartikel, wie der Ansässigkeitsstaat die Doppelbesteuerung vermeidet. Hierfür werden zwei alternative Methoden angewendet. Entweder werden die Steuern des Quellenstaates im Ansässigkeitsstaat angerechnet (Anrechnungsmethode) oder die ausländischen Einkünfte im Ansässigkeitsstaat von der Besteuerung freigestellt (Freistellungsmethode).

Die Freistellungsmethode ist i.d.R. mit einem Progressionsvorbehalt verbunden (vgl. Art. 24 Abs. 1d) DBA D/PL). Werden die ausländischen Einkünfte von der ESt freigestellt, sinkt aufgrund des progressiven ESt-Tarifs auch der Durchschnittssteuersatz auf das zvE. Somit werden nicht nur die ausländischen Einkünfte freigestellt, sondern auch die übrigen Einkünfte (geringfügig) begünstigt. Dies soll der Progressionsvorbehalt verhindern. Technisch ermittelt man zunächst für alle Einkünfte (also auch die steuerfreien ausländischen) die ESt und somit den Durchschnittssteuersatz. Diesen Steuersatz wendet man dann auf das zvE (also ohne die ausländischen Einkünfte) an.

▮▮ Fall 118

Das Welteinkommen des unbeschränkt steuerpflichtigen X sei 60.000 €. Davon sind 10.000 € Betriebstättengewinne aus Polen. Der Durchschnittssteuersatz auf ein zvE von 60.000 € sei in Deutschland 30 %, bei 50.000 € 27 %.

X muss grundsätzlich in Deutschland sein Welteinkommen versteuern (§ 1 Abs. 1 EStG). Da er zugleich in Polen einer beschränkten Steuerpflicht unterliegt, ist eine Doppelbesteuerung gegeben. Gemäß Art. 1 und 2 ist das DBA D/PL personell und sachlich einschlägig. Art. 7 Abs. 1 i.V.m. Art. 5 weisen Polen das Besteuerungsrecht zu und Deutschland stellt gemäß Art. 24 Abs. 1 a) den Betriebstättengewinn unter Progressionsvorbehalt frei. X muss also in Deutschland lediglich die 50.000 € versteuern. Allerdings wird nicht die tarifliche ESt (27 %) erhoben, sondern der höhere Durchschnittssteuersatz (30 %) auf das zvE angewendet. Er zahlt daher in Deutschland 15.000 € ESt. Der Progressionsvorbehalt hat sich i.H.v. (50.000 · 3 % =) 1.500 € ausgewirkt.

Damit die DBA vergleichbar bleiben, hat die OECD ein Musterabkommen (OECD-MA) mit Kommentar entwickelt, an dem sich die Industriestaaten bei ihren Abschlussverhandlungen orientieren können. Es wird in regelmäßigen Abständen überarbeitet und veröffentlicht. Daher sind sich die deutschen DBA im Grunde sehr ähnlich, auch wenn jedes seine individuellen Besonderheiten aufweist. In den deutschen DBA werden z.B.

Gewinne aus einer ausländischen Betriebstätte im Ansässigkeitsstaat fast immer freigestellt. Quellensteuern auf Dividenden an natürliche Personen werden dagegen angerechnet. Etwas schwieriger ist die Besteuerung von Gewinnen aus internationalen Mitunternehmerschaften.

▆▆ Fall 119

Der in Deutschland ansässige X und der in Polen ansässige Y haben in der deutschen Stadt FF eine gemeinsame gewerbliche OHG gegründet. Ist dies steuerlich eine deutsche oder eine polnische MUschaft?

Es kommt darauf an: Da die OHG keine eigene Rechtsperson ist, ist sie gemäß Art. 3 Abs. 1 c) DBA Deutschland/Polen auch abkommensrechtlich weder eine deutsche noch eine polnische Gesellschaft. Die Ansässigkeit orientiert sich also an der Ansässigkeit ihrer Gesellschafter. X ist Steuerinländer, der an einer inländischen OHG beteiligt ist. Y aber ist ein Steuerausländer, der an einer polnischen Mitunternehmerschaft beteiligt ist, die eine deutsche Betriebstätte unterhält. Für ihn gelten also die Art. 7 Abs. 1 i.V.m. Art. 5 und Art. 24 Abs. 2 a) DBA D/PL.

▆▆ Fall 120

Z aus Wien will mit X und Y gemeinsame Sache machen. Ist die X-Y-Z-OHG dann abkommensrechtlich ein deutsches, polnisches oder österreichisches Unternehmen?

Nehmen X und Y noch den Österreicher Z als neuen MU auf, ist für diesen (und nur für ihn) die OHG ein österreichisches Unternehmen, mit Betriebstätte in FF. Für Z wäre also das DBA D/Österreich einschlägig, für

Leitsatz 19

!

Funktionsweise eines DBA

Aus DBA können keine Steueransprüche entstehen. DBA können nur Steueransprüche mindern. Daraus folgt der Prüfungsaufbau:

1. Besteht nach nationalem Recht ein Steueranspruch?
   Wenn nicht, braucht man auch das DBA nicht zu prüfen.

2. Wird der Anspruch durch das DBA eingeschränkt?
   Hier sind insbesondere die Besteuerungsregeln und der Methodenartikel zu prüfen.

3. Zusammenfügen von 1 und 2 zum Ergebnis für den Steuerpflichtigen.

Y das DBA D/PL und X kommt ohne DBA aus. Verdeutlichen Sie sich die MUbesteuerung nochmals, indem Sie sie mit der Betriebstättenbesteuerung vergleichen. An der Lösung ändert sich nichts.

3 Die Grundprobleme der Hinzurechnungsbesteuerung

▬ Fall 121

X, wohnhaft in der Ihnen inzwischen gut bekannten Stadt FF, unterhält in einem kleinen europäischen Fürstentum ein Bankkonto, das erfreuliche Zinserträge abwirft. Zwischen Deutschland und dem Fürstentum existiert kein DBA. Muss er diese Erträge der ESt unterwerfen?

Eigentlich sollte Ihnen diese Frage inzwischen zu trivial sein. Natürlich gilt das Welteinkommensprinzip. Die Zinsen muss er als Einkünfte aus Kapitalvermögen versteuern (§ 1 Abs. 1, § 20 Abs. 1 Nr. 7 EStG). Das Besteuerungsrecht wird auch nicht durch ein DBA eingeschränkt.

▬ Fall 122

X hat dazu aber keine Lust. Er kommt auf eine einfache, aber aus seiner Sicht geniale Idee. X gründet in dem Fürstentum eine GmbH und legt sein Bares dort ein, damit die GmbH alles zur Anlage an die Bank weiterreicht.

Nunmehr erzielt die GmbH Kapitalerträge. Sie ist aber in Deutschland weder unbeschränkt noch beschränkt steuerpflichtig. Auch X hat in Deutschland keine Kapitalerträge zu versteuern, solange die GmbH ihre Gewinne thesauriert. Erst wenn X dazu Lust verspürt, dass die GmbH die Gewinne ausschüttet, hat X Kapitaleinkünfte (Dividenden) der deutschen ESt zu unterwerfen. Und das kann dauern. Um diese Abschirmwirkung einer ausländischen Kapitalgesellschaft zu beseitigen, hat der Gesetzgeber große Geschütze, nämlich die §§ 7 bis 14 AStG, aufgefahren.

> Sehr stark vereinfacht geht es bei der dort geregelten **Hinzurechnungsbesteuerung** zunächst darum, dass bei solchen Kapitalgesellschaften (so genannte **Zwischengesellschaften**) im niedrig besteuernden Ausland nach § 8 Abs. 3 AStG (s < 25 %), die so genannte passive Einkünfte (vgl. den negativ aufgebauten Katalog des § 8 Abs. 1 AStG) erwirtschaften und an denen in Deutschland unbeschränkt Steuerpflichtige mehrheitlich (>50 %; § 7 Abs. 2 AStG) beteiligt sind, gemäß § 7 Abs. 1 AStG eine Besteuerung erfolgt, als hätte die Kapitalgesellschaft an den Gesellschafter in Deutschland eine Dividende ausgezahlt (Ausschüttungsfiktion).

Im Unterschied zu einer regulären (In- oder Auslands) Dividende wird jedoch diese fiktive Dividende (der so genannte Hinzurechnungsbetrag (HZB); Definition in § 10 Abs. 1 AStG; ermittelt gemäß § 10 Abs. 3 AStG) bei dem Gesellschafter als Einkünfte i.S.d. § 20 Abs. 1 Nr. 1 EStG in voller Höhe der ESt (+ evtl. GewSt bei Anteilen im BV) bzw. der KSt zuzüglich der GewSt unterworfen (§ 10 Abs. 2 AStG), da das HEV bzw. Teileinkünfteverfahren (ab 2009) nach § 3 Nr. 40 EStG bei natürlichen Personen bzw. die generelle Steuerfreiheit der Beteiligungserträge gemäß § 8b Abs. 1 KStG bei Kapitalgesellschaften nicht zur Anwendung kommen (vgl. § 10 Abs. 2 S. 3 AStG). Man unterstellt also, dass die Zwischengesellschaft, die X nur gegründet hat, damit die dort thesaurierten Gewinne in Deutschland nicht besteuert werden können, ihr nach der Belastung mit den ausländischen Steuern verbleibendes Einkommen nach Deutschland ausgekehrt hat. Diese Besteuerungsfolgen sind auch immer definitiv und treten unabhängig davon ein, ob die Zwischengesellschaft ihre Erträge tatsächlich thesauriert oder laufend ausschüttet. Bei der Besteuerung des HZB im Inland kann der Steuerpflichtige sich aussuchen (Antragsrecht), ob er alternativ bei der Besteuerung des HZB die in § 12 Abs. 1 S. 1 AStG kodifizierte Option zur Anrechnung beansprucht. Tut er das, dann ist der HZB um einen so genannten Aufstockungsbetrag (= die ausländischen Steuern, die nach § 10 Abs. 1 AStG bei der Ermittlung des HZB abziehbar sind), zu erhöhen.

Wenn die reale Ausschüttung erfolgt, muss X diese Dividende „normal" bis Ende 2008 nach § 20 Abs. 1 Nr. 1 i. V. m. § 3 Nr. 40 d) EStG versteuern (HEV). Ab 2009 gelten die bereits dargestellten Regeln über die Abgeltungsteuer (hier insbesondere § 32d Abs. 3 EStG) bzw. das Teileinkünfteverfahren, wenn die Anteile im BV gehalten werden. Die „normale" Ausschüttung ist jedoch gemäß § 3 Nr. 41 a) EStG steuerfrei, wenn sie innerhalb eines Zeitraums von acht Jahren nach erfolgter Hinzurechnungsbesteuerung erfolgt. Eine evtl. im Ausland bei Ausschüttung angefallene QSt kann dann auf die anteilig auf den HZB entfallene ESt (auch nachträglich) angerechnet werden (§ 12 Abs. 3 AStG).

Kreative Steuerberater hatten, um die Hinzurechnungsbesteuerung nach §§ 7 bis 14 AStG auszuhebeln, das so genannte irische Steuersparmodell entwickelt. Hierfür wurde ausgenutzt, dass zwei interessante Konstellationen zusammentrafen. Zum einen gab es in Irland Sonderwirtschaftszonen mit sehr geringen Steuersätzen (10 % in den alten Dublin Docks; seit 2004: 12,5 % für alle). Zum anderen sieht das DBA D/Irland vor, dass

Dividenden, die deutsche Kapitalgesellschaften von irischen Töchtern erhalten, bei wesentlichen Beteiligungen steuerfrei sind. Dies gilt auch dann, wenn die Tochter ausschließlich passive Tätigkeiten i. S. v. § 8 Abs. 1 AStG ausübt. Während nämlich die meisten DBA eine so genannte Aktivitätsklausel enthalten (d.h. Freistellung nur bei aktiven Tätigkeiten; vgl. z.B. Art. 24 Abs. 1c DBA D/PL), enthält das DBA D/Irland sie gerade nicht.

■■■ Fall 123

X gründet also eine deutsche GmbH und eine irische Tochterkapitalgesellschaft. Diese irische Gesellschaft hält Aktien und Forderungen. Ihre daraus resultierenden Gewinne schüttet sie (steuerfrei) an die deutsche GmbH aus. Dort verbleiben sie.

Der Fiskus hat keine Chance, über die normale Besteuerung an die Gewinne heranzukommen. Sowohl § 8b Abs. 1 KStG als auch das DBA D/Irland sehen die Freistellung der regulären Dividende in Deutschland vor. Auch die „normale" Hinzurechnungsbesteuerung nach §§ 7 bis 14 AStG griff bisher nicht, obwohl die Ausschüttungsfiktion und die steuerliche Erfassung des HZB unabhängig vom Ausschüttungsverhalten der irischen Zwischengesellschaft erfolgt. Das lag daran, dass auf den HZB die Bestimmungen eines DBA anzuwenden waren, die im Falle einer normalen Dividendenzahlung einschlägig gewesen wären (vgl. § 10 Abs. 5 AStG a. F.). Damit lief die Hinzurechnungsbesteuerung bis Ende 2002 ins Leere.

Um diese für den deutschen Fiskus unerfreuliche Situation zu unterbinden, wurde kurzerhand die „erweiterte" Hinzurechnungsbesteuerung nach § 10 Abs. 6 AStG a. F. geschaffen. Sie verschärfte die bis dahin existierende Hinzurechnungsbesteuerung in zweifacher Hinsicht. (1.) Es wurde bei Zwischeneinkünften mit Kapitalanlagecharakter (Definition in § 10 Abs. 6 S. 2 AStG a. F. bzw. nunmehr § 7 Abs. 6a AStG) die DBA-Freistellung suspendiert. Ergänzend wirkte die Außerkraftsetzung des § 8b Abs. 1 KStG durch § 10 Abs. 2 S. 3 AStG. Es erfolgt damit eine Besteuerung bei der deutschen GmbH unter Anrechnung der (geringen) irischen Steuern (d.h. die Option gemäß § 12 Abs. 1 AStG wird ausgeübt; diese ist regelmäßig von Vorteil). Hier lag ein klassisches Beispiel dafür vor, dass sich der Gesetzgeber trotz § 2 AO über einen völkerrechtlichen Vertrag hinwegsetzt. Dieses Vorgehen wird auch treaty overriding genannt. (2.) Die erforderliche Beteiligungsgrenze der Steuerinländer wurde von 50 auf 10 v.H. abgesenkt. Aus fiskalischen Überlegungen heraus und um vermeintliche Steuerumgehungen zu unterbinden, wurde sie dann erneut abgesenkt, so dass sie zuletzt bei 1 v.H. lag. Auf die praktischen Probleme bei der Erfüllung der Steuererklärungspflichten für die (Minderheits-)Gesellschafter (Möglichkeiten der Informationsbeschaffung bezüglich der Höhe und Zusammensetzung der Einkünfte der ausländischen Gesellschaft) sei an dieser Stelle nur hingewiesen.

Eine weitere gravierende Änderung des AStG erfolgte durch das Steuervergünstigungsabbaugesetz vom 16.5.2003 dergestalt, dass § 10 Abs. 5 AStG schlicht aufgehoben wurde (ab VZ 2003). Damit kann der Abkommensschutz auch in DBA-Fällen ohne Aktivitätsklausel nicht mehr beansprucht werden und die bisher besondere Regelung zu passiven Einkünften mit Kapitalanlagecharakter mutierte in dieser Hinsicht zum Regelfall. Gleichzeitig wurde treaty overriding zum Regelfall.

Somit ist die erweiterte Hinzurechnungsbesteuerung mit ihrer bisherigen Funktion (Durchbrechung des Abkommensschutzes bei DBA-Fällen mit Aktivitätsklausel) nicht mehr nötig. Bezüglich der Rechtsfolgen unterscheidet sie sich nicht von der normalen Hinzurechnungsbesteuerung. Bezüglich der Tatbestandsvoraussetzungen bestehen jedoch weiterhin erhebliche Unterschiede, da eine Hinzurechnung für Zwischeneinkünfte mit Kapitalanlagecharakter bereits bei einer Beteiligung an einer ausländischen Zwischengesellschaft von 1 v. H. erfolgt (vgl. § 7 Abs. 6 AStG) und für die normale Hinzurechnungsbesteuerung weiterhin eine Deutschbeherrschung (> 50 v. H.) vorliegen muss. Erzielt die Zwischengesellschaft ausschließlich oder fast ausschließlich Bruttoerträge, die Zwischeneinkünften mit Kapitalanlagecharakter zugrunde liegen, erfolgt die erweiterte Hinzurechnungsbesteuerung unabhängig von der Beteiligungshöhe. Eine Ausnahme ergibt sich hierbei aus der so genannten Börsenklausel (vgl. § 7 Abs. 6 S. 3 letzter HS AStG). Damit ändert sich die Lösung zum Fall 123 insofern, als der HZB bei der deutschen GmbH bereits nach der normalen Hinzurechnungsbesteuerung erfasst wird. X muss sich also erneut auf die Gestaltungssuche begeben. Es erfolgt keine Hinzurechnungsbesteuerung nach §§ 7 bis 14 AStG, wenn die Regelungen des zum 1.1.2004 in Kraft getretenen Investmentsteuergesetzes (InvStG) ebenso einschlägig sind (vgl. § 7 Abs. 7 AStG). Dies gilt jedoch nur unter dem Vorbehalt, dass die Zwischeneinkünfte auch tatsächlich nach dem InvStG steuerpflichtig sind und auch nicht aufgrund einer DBA-Regelung freigestellt werden. Damit sollte auch das letzte Schlupfloch geschlossen werden.

Gegen die Anwendung der §§ 7 bis 14 AStG innerhalb der EU wurden immer wieder Vorbehalte hinsichtlich der Vereinbarkeit mit dem EU-Recht (Niederlassungsfreiheit) erhoben. Seit der Entscheidung des EuGH vom 12.09.2006 in der Rechtssache C-196/04 „Cadbury Schweppes" bezüglich der britischen Regelungen über die Hinzurechnungsbesteuerung ist klargestellt, dass im EU-Bereich lediglich rein künstliche Gestaltungen von der Anwendbarkeit der §§ 7 bis 14 AStG erfasst werden dürfen. Bei einer wirklichen wirtschaftlichen Tätigkeit im anderen EU-Staat entfällt die Hinzurechnungsbesteuerung komplett. Die Finanzverwaltung akzeptierte diese Vorgabe des EuGH, eine entsprechende gesetzliche Klarstellung wird erwartet.

Leitsatz 20

!

Hinzurechnungsbesteuerung des AStG

Die §§ 7 bis 14 AStG regeln die Durchbrechung der Abschirmwirkung der ausländischen Kapitalgesellschaft, wenn sie niedrig besteuerte passive Einkünfte erzielt, wie folgt:

4. Bei den „normalen" passiven Einkünften wird die Abschirmwirkung der in einer deutschbeherrschten ausländischen Kapitalgesellschaft thesaurierten Gewinne immer aufgehoben, indem die pasiven Einkünfte in Form des HZB beim Gesellschafter mit der tariflichen ESt (kein HEV bzw. Teileinkünfteverfahren!) bzw. KSt (keine Befreiung!) und evtl. GewSt belegt werden. Die tatsächlich fließende Dividendenzahlung ist dann unter den restriktiven Bedingungen des § 3 Nr. 41 a) EStG steuerfrei.

5. Die erweiterte Hinzurechnungsbesteuerung bei den passiven Einkünften mit Kapitalanlagecharakter unterscheidet sich von der „normalen" inzwischen nur noch durch die weiteren Tatbestandsvoraussetzungen bezüglich der Beteiligungsverhältnisse. Sie erweitert sie auf die Fälle, wo keine „Deutschbeherrschung" vorliegt. Bezüglich der Rechtsfolgen ergeben sich keine Unterschiede zur „normalen" Hinzurechnungsbesteuerung mehr.

6. Die Hinrechnungsbesteuerung entfällt innerhalb der EU, wenn die ausländische Gesellschaft eine wirkliche wirtschaftliche Tätigkeit ausübt.

VI.   Umsatzsteuer

Lektion 13: Das Allphasen-Netto-Umsatzsteuer-System

Die Lektionen 2 bis 12 haben sich mit den Ertragsteuern, also der Besteuerung der Einkünfte sowie des Gewerbeertrags, befasst. Daneben setzt der Steuergesetzgeber mit den Verbrauch- und Verkehrsteuern, insbesondere mit der USt, auch beim Konsum an. Die USt wird in den Lektionen 13 (nationale Sachverhalte) und 14 (internationale Sachverhalte) behandelt.

Im Gegensatz zu anderen Steuern ist die USt eine Steuer, die in allen EU-Staaten weitgehend gleich ausgestaltet. Grund hierfür ist die 6. EG-RL, die sogenannte „Mehrwertsteuer"-Richtlinie, die seit 1.1.2007 durch die „Mehrwertsteuer"-Systemrichtlinie ersetzt worden ist. Sie gibt den EU-Staaten vor, wie sie ihr USt-Recht ausgestalten müssen. Daher haben die nachfolgenden Ausführungen z.B. auch in Polen weitgehend Gültigkeit.

1 Die Allphasen-Netto-Umsatzsteuer mit Vorsteuerabzug

Die meisten Güter durchlaufen eine Reihe von Wertschöpfungsstufen, bevor sie vom Unternehmer zum Endverbraucher gelangen. Bei jedem Umsatz erhebt der ausführende Unternehmer USt vom Kunden, egal ob dieser ein Endverbraucher oder selbst Unternehmer ist, und gibt sie an den Fiskus weiter (daher Allphasensteuer). Umsatzsteuer, die der Unternehmer selbst für Vorprodukte oder sonstige Produktionsfaktoren entrichten musste (die so genannte Vorsteuer, kurz VorSt), zieht er dabei von der erhaltenen Umsatzsteuer ab (daher Netto-Umsatzsteuer mit Vorsteuerabzug) und führt somit nur die Differenz an das Finanzamt ab. Damit soll wirtschaftlich nicht er, sondern der Endverbraucher belastet werden. Bei der USt handelt es sich also um eine indirekte Steuer, da der Steuerschuldner (Unternehmer) und der erwünschte Steuerträger (Konsument) auseinander fallen. Ob die Unternehmer die Umsatzsteuer tatsächlich auf den Konsumenten überwälzen können, hängt allerdings von den Gegebenheiten auf den einzelnen Märkten ab, auf denen sie agieren.

Das Be- und Entlastungsprinzip soll Übersicht 15 verdeutlichen, in der folgender Sachverhalt dargestellt ist: Unternehmer U1 erbringt eine Leistung für 100 € plus 19 % USt an Unternehmer U2. U2 erbringt eine Leistung an U3 für 150 € plus 19 % USt und U3 leistet an den Endverbraucher (E), wobei er 200 € plus 19 % USt, also 238 € als Bruttopreis erhebt. Prüfen Sie, wer wie viel USt an das Finanzamt (FA) abführt und wer letztlich die Zeche zahlt!

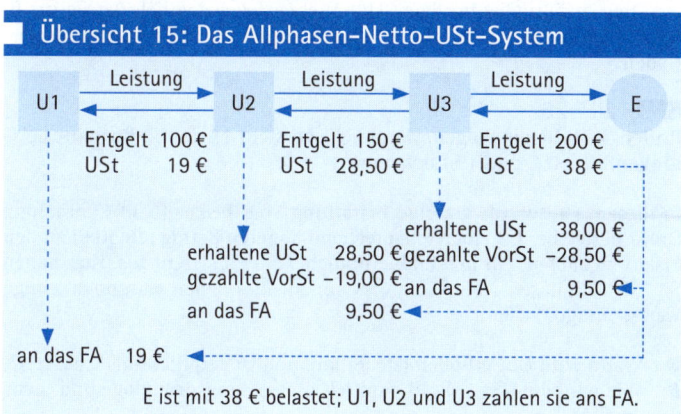

Übersicht 15: Das Allphasen-Netto-USt-System

E ist mit 38 € belastet; U1, U2 und U3 zahlen sie ans FA.

Fall 124

X ist Unternehmensberater. Für die Reinigung der Büroräume kauft er ein Reinigungsmittel. Er ist sich unsicher, ob er auch diese VorSt geltend machen kann. Was meinen Sie?

Bei den drei in Übersicht 15 dargestellten Leistungen muss es sich nicht um die gleiche Leistung (z.B. Verkauf derselben Ware) handeln. Vielmehr darf sich ein Unternehmer, der selbst USt erhebt, alle VorSt abziehen, die er gezahlt hat, sofern sie (wenn auch indirekt) mit seinen eigenen steuerpflichtigen Umsätzen in einem wirtschaftlichen Zusammenhang stehen. X kann also grundsätzlich auch die VorSt, die auf dem Reinigungsmittel lastet, geltend machen.

Fall 125

Das hat X verstanden. Er addiert alle gezahlten VorSt und zieht sie von der USt ab, die er selbst erhoben hat. Der Betrag ist negativ. Nun meint

X, dass er den VorSt-Überhang vom Finanzamt erstattet bekommt. Zu Recht?

Es wurde gerade ausgeführt, dass nicht die Unternehmer, sondern die Endverbraucher durch die USt belastet werden sollen. Wenn bei X ein VorSt-Überhang entsteht, wird ihm dieser tatsächlich vom Fiskus erstattet. Dies ist übrigens in vielen Unternehmen gelegentlich der Fall; z.B. bei Produktion auf Lager, bei größeren Investitionen oder in Verlustperioden.

▉▉▉ Fall 126

Prüfen Sie bitte die Folgen, wenn bei Übersicht 15 der U2 für seine Leistungen nur 50 € plus USt bekommt.

In diesem Fall würde U2 eine Erstattung vom Fiskus (9,50 €) erhalten. Dafür hätte aber U3 einen entsprechend höheren Betrag (28,50 €) an den Fiskus zu zahlen. Für den Endverbraucher ändert sich nichts. Nun haben Sie die Allphasen-Netto-USt verstanden. Es bleiben nur noch einige wenige Fragen offen:

▶ Wann wird USt erhoben (steuerbare und steuerpflichtige Umsätze)?
▶ Wie wird die USt-Schuld ermittelt (Bemessungsgrundlage und Steuersatz)?
▶ Wann ist der VorSt-Abzug zulässig?

2 Steuerbare und steuerpflichtige Umsätze

2.1 Steuerbare Umsätze im Sinne von § 1 Abs. 1 Nr. 1 UStG

§ 1 Abs. 1 UStG regelt abschließend, welche Umsätze steuerbar sind (Steuergegenstand). Demnach unterliegen der USt gemäß § 1 Abs. 1 Nr. 1 UStG Lieferungen und sonstige Leistungen, die ein Unternehmer im Inland gegen Entgelt im Rahmen seines Unternehmens ausführt (Haupttatbestand). Der Eigenverbrauch und Gesellschafterverbrauch als Ersatztatbestand wurde aus § 1 Abs. 1 Nr. 2 und 3 UStG gestrichen (hierzu später). Außerdem werden durch Nr. 4 die Einfuhren im Inland sowie durch Nr. 5 der innergemeinschaftliche Erwerb erfasst; diese Ergänzungstatbestände behandelt Lektion 14.

Übersicht 16: Tatbestandsmerkmale steuerbarer Umsätze gemäß § 1 Abs. 1 UStG

Tatbestand	Tatbestandsmerkmale	Einschlägige §§
Leistungs-erbringung nach Nr. 1	– Lieferung oder – sonstige Leistung, – die ein Unternehmer – im Inland – gegen Entgelt – im Rahmen seines Unternehmens – ausführt.	§ 3 Abs. 1, 3–5, Abs. 9, 10, 11 § 2 § 1 Abs. 2 § 10 Abs. 1 S. 2 § 2 Abs. 2 §§ 3a–3f
(Eigenverbrauch nach Nr. 2 und 3)	Gestrichen.	Ersetzt durch § 3 Abs. 1b, 9a
Wareneinfuhr nach Nr. 4	Einfuhr von Gegenständen im Inland.	Zu internationalen Sachverhalten vgl. Lektion 14.
Innergemein-schaftlicher Erwerb nach Nr. 5	Erwerb im Inland aus EU-Staaten gegen Entgelt.	

▶ Lieferungen und sonstige Leistungen

Der Gesetzgeber unterscheidet bei den Leistungen, die ein Unternehmer erbringt, zwischen Lieferungen und sonstigen Leistungen.

Lieferungen werden gemäß § 3 Abs. 1 UStG erbracht, indem dem Abnehmer die Verfügungsmacht über einen Gegenstand (vgl. auch A 24 Abs. 1 UStR) verschafft wird.

Sonstige Leistungen sind gemäß § 3 Abs. 9 UStG Leistungen, die keine Lieferungen sind. Dazu gehören insbesondere Dienstleistungen. Sie können aber auch im Unterlassen oder im Dulden einer Handlung oder eines Zustandes bestehen (§ 3 Abs. 9 S. 2 UStG). Hierunter fallen z.B. Gebrauchs- und Nutzungsüberlassung (Vermietung, Verpachtung, Darlehensgewährung, Einräumung eines Nießbrauchs), die Einräumung, Übertragung und Wahrnehmung von Patenten, Urheber-, Markenzeichen- und ähnlichen Rechten, wie auch die Duldung von Rechtsverletzungen (vgl. A 24 Abs. 3 UStR).

■■■ Fall 127

Y ist Eigentümer eines Hammergrundstücks in FF. Damit er seinen Geländewagen vor dem Schlafzimmer parken kann, muss er täglich über das Grundstück des Nachbarn X fahren. Dieser erhält dafür monatlich einen Kasten Bier sowie zehn Tüten Kartoffelchips. Liegt für X ein steuerbarer Umsatz nach § 1 Abs. 1 Nr. 1 UStG vor?

Das Befahren des Grundstücks stellt grundsätzlich eine Rechtsverletzung dar, die X duldet. Eine sonstige Leistung nach § 1 Abs. 1 Nr. 1 i. V. m. § 3 Abs. 9 UStG ist daher gegeben. Ist X aber überhaupt Unternehmer?

▶   Unternehmer und Unternehmen

Unternehmer ist gemäß § 2 Abs. 1 S. 1 UStG, wer eine gewerbliche oder berufliche Tätigkeit selbständig ausübt. Dies können natürliche und juristische Personen sowie Personenvereinigungen sein. Gewerblich oder beruflich ist gemäß § 2 Abs. 1 S. 3 UStG jede nachhaltige (auch hier reicht, wie bei § 15 Abs. 2 EStG, die Wiederholungsabsicht aus) Tätigkeit zur Erzielung von Einnahmen (!), auch wenn die Gewinnerzielungsabsicht fehlt oder eine Personenvereinigung nur gegenüber ihren Mitgliedern tätig wird. Der Unternehmerbegriff des UStG ist damit weiter gefasst als etwa der Betriebsbegriff im EStG.

Da X das Befahren selbständig duldet und damit regelmäßige Einnahmen erzielt, ist er Unternehmer i. S. v. § 2 UStG. Bitte lesen Sie § 2 UStG.

■■■ Fall 128

X betreibt in FF eine Videothek, in Berlin einen EDV-Fachhandel und in FW eine chemische Reinigung. Wie viele Unternehmen unterhält er aus Sicht des UStG?

Sie haben richtig gelesen. Gemäß § 2 Abs. 1 S. 2 UStG umfasst das **Unternehmen** die gesamte (!) gewerbliche bzw. berufliche Tätigkeit des Unternehmers. Folglich hat X auch nur eine USt-Erklärung für alle drei Unternehmensteile zusammen zu erstellen. Darüber hinaus gibt es durch § 2 Abs. 2 UStG, wie auch bei der KSt und GewSt, eine umsatzsteuerliche **Organschaft** (vgl. hierzu A 21–21a UStR).

▶ Ausführung der Leistung im Inland

Der Ort der Leistung muss im Inland liegen. Inland ist gemäß § 1 Abs. 2 S. 1 UStG grundsätzlich das Gebiet der Bundesrepublik Deutschland mit einigen Ausnahmen.

Gemäß § 3 Abs. 7 S. 1 UStG werden Abhollieferungen, sogenannte „ruhende" Lieferungen (der Abnehmer holt den Gegenstand beim Lieferer ab), an dem Ort ausgeführt, an dem sich der Gegenstand zur Zeit der Verschaffung der Verfügungsmacht befindet. Daneben wird zwischen so genannten Beförderungs- und Versendungslieferungen, so genannte „bewegte" Lieferungen, unterschieden (§ 3 Abs. 6 UStG). Wird der Gegenstand durch den Unternehmer zum Abnehmer oder den Abnehmer selbst befördert, so gilt die Lieferung mit Beginn (!) der Beförderung als ausgeführt (§ 3 Abs. 6 S. 1 UStG). Bei einer Versendung (Beförderung durch einen selbständigen Dritten, z.B. Paketdienst) gilt die Lieferung mit der Übergabe des Gegenstandes an den Beauftragten als ausgeführt.

▬▬ Fall 129

Z aus B kauft bei Unternehmer X aus FF einen PC für 1.500 €. Vereinbart ist, dass X dem Z den PC liefert und bei Übergabe das Geld in bar erhält. Auf dem Weg nach B verunglückt X. Er überlebt zwar, Auto und PC sind jedoch zerstört. Ist die Lieferung ausgeführt worden?

Da es sich um eine Beförderungslieferung handelt, ist die Leistung (fiktiv) mit Beginn der Beförderung ausgeführt worden. Allerdings kann X die Verfügungsmacht über den PC nicht mehr verschaffen. Daher scheitert die Steuerbarkeit nach § 1 Abs. 1 Nr. 1 UStG an der nicht erfolgten Übergabe des PC.

Problematisch ist das Feststellen, an welchem Ort eine sonstige Leistung ausgeführt wurde. Gemäß § 3a UStG kommen folgende Orte in Frage: Den Auffangtatbestand regelt § 3a Abs. 1 UStG (der Ort, von dem aus der Unternehmer sein Unternehmern betreibt, wenn keine der nachfolgenden Regelungen greift). Es kann nach § 3a Abs. 2 Nr. 1 aber auch der Belegenheitsort sein (bei Grundstücken), nach Nr. 3 der Tätigkeitsort, nach Nr. 4 der Ort, an dem der vermittelte Umsatz ausgeführt wird (bei Vermittlungsleistungen). Wird der Spezialtatbestand des § 3a Abs. 3 und Abs. 4 UStG erfüllt, ist der Sitzort des Leistungsempfängers einschlägig. Für Beförderungen wurde mit § 3b UStG ebenfalls eine Sondernorm geschaffen. Um Ihre Verwirrung komplett zu machen, enthält § 3a Abs. 5 UStG eine Ermächtigung für § 1 UStDV hinsichtlich weiterer Sonderfälle des Ortes der sonstigen Leistung.

> Hinweis für Prüfungen und Praxis: Äußern Sie sich nie zum Ort einer sonstigen Leistung, ohne vorher in §§ 3a, 3b UStG und § 1 UStDV nachzuschlagen! Prüfen Sie erst als letztes § 3 Abs. 1 UStG.

Die Leistung des X aus Fall 128 erfolgt im Zusammenhang mit einem Grundstück in FF und wird daher gemäß § 3a Abs. 2 Nr. 1 UStG auch in FF, also im Inland, ausgeführt.

▶   Leistungserbringung gegen Entgelt

Entgelt ist gemäß § 10 Abs. 1 S. 2 UStG alles, was der Leistungsempfänger aufwendet, um die Leistung zu erhalten, jedoch abzüglich der Umsatzsteuer.

Weiter mit Fall 127. Das versteht X. Das Entgelt für die von ihm erbrachte Leistung (Duldung) besteht in den Grundnahrungsmitteln, die ihm Y zukommen lässt. Aber wie bemisst sich nun deren Wert?

Fall 127 ist doch komplizierter, als er zunächst schien. Bei genauer Betrachtung könnte man vielleicht von einem Tauschgeschäft ausgehen. Ein Tausch läge gemäß § 3 Abs. 12 S. 1 UStG vor, wenn das Entgelt für eine Lieferung in einer Lieferung bestände (z.B. Bier gegen Chips). Hier ist ein tauschähnlicher Umsatz gemäß § 3 Abs. 12 S. 2 UStG gegeben, da das Entgelt für die sonstige Leistung eine Lieferung (Bier und Chips) ist. Nach § 10 Abs. 2 S. 2 UStG gilt der Nettowert der Gegenleistung (vgl. zur Ermittlung A 153 UStR) als Entgelt. Da Y für den Kasten Premiumpils 5 € und für die Luxuschips 1 € je Tüte netto aufgewendet hat, beträgt das Entgelt seiner sonstigen Leistung 15 € pro Monat.

▶   Leistungserbringung im Rahmen seines Unternehmens

Bei den Umsätzen muss es sich um Leistungen handeln, die sich aus der Tätigkeit des Unternehmens ergeben, also zum Grundgeschäft gehören (Kern des Unternehmens), um Hilfsgeschäfte (Unterstützung der Haupttätigkeit, z.B. Veräußerung einer Maschine des Anlagevermögens) oder

um Nebengeschäfte (sie ergeben sich nicht notwendig aus der Betrieb-
stätigkeit, hängen aber mit ihr zusammen).

■■■ Fall 130

Der Unternehmensberater X erhält zum Geburtstag einen singenden
Plastikfisch geschenkt, den man an die Wand nageln kann. Er veräußert
diesen an einen Mandanten, den er nicht mag.

Auch wenn er den Fisch an einen Mandanten veräußert, wird man nicht
von einem Nebengeschäft ausgehen können, sondern von einer privaten
Veräußerung, die nicht im Rahmen des Unternehmens erfolgt und somit
auch nicht steuerbar nach § 1 Abs. 1 Nr. 1 UStG ist.

Weiter mit Fall 127: Hier handelt es sich um das Grundgeschäft des
X. Somit ist zum Schrecken des X auch das letzte der (in Übersicht 16
genannten) Tatbestandsmerkmale steuerbarer Umsätze nach § 1 Abs. 1
Nr. 1 UStG erfüllt. Da, wie Sie wissen, ein tauschähnlicher Umsatz nach
§ 3 Nr. 12 UStG vorliegt, hat übrigens auch Y – ohne es zu wissen – steuerbare Umsätze erzielt.

2.2 Weitere steuerbare Umsätze

■■■ Fall 131

X betreibt diesmal eine Videothek mit Bierverkauf. Um seiner Frau zum
Hochzeitstag eine Freude zu bereiten, nimmt er am Abend zwei Flaschen
Bier und einen Videofilm mit nach Hause. Hat dies umsatzsteuerliche
Konsequenzen?

Der Eigenverbrauch wird ebenfalls von der USt erfasst. § 3 Abs. 1b und
Abs. 9a UStG sollen in erster Linie gewährleisten, dass Unternehmer,
insoweit sie als Endverbraucher handeln, gegenüber anderen Endver-
brauchern nicht bevorzugt werden. Bedenken Sie, dass X einerseits die
VorSt geltend macht, aber (als Unternehmer) sich selbst (als Endverbraucher) keine USt in Rechnung stellt, da § 1 Abs. 1 Nr. 1 UStG an der
fehlenden Entgeltlichkeit scheitert.

Der Gesetzgeber erfasst nicht nur den Eigenverbrauch, sondern benennt
folgende unentgeltlichen Wertabgaben, die der Lieferung oder sonstigen
Leistung gleichgestellt werden: die unentgeltliche Abgabe von Gegenständen (Entnahmen von Gegenständen, Sachzuwendungen an Arbeit-

nehmer, andere unentgeltliche Zuwendungen) gemäß § 3 Abs. 1b UStG und die **unentgeltliche Abgabe von sonstigen Leistungen** (Entnahme von Nutzungen oder Dienstleistungen und sonstigen unentgeltlichen sonstigen Leistungen) gemäß § 3 Abs. 9a UStG. Bitte lesen! § 3f UStG legt übrigens für beide Fälle als Ort der Leistungserbringung den Ort fest, von dem aus der Unternehmer sein Unternehmen betreibt.

In **Fall 131** stellt die Entnahme des Bieres eine Entnahme von Gegenständen und das Ausleihen der Videokassette eine Nutzungsentnahme dar. Würde seine Frau diese behalten, läge ebenfalls eine Entnahme von Gegenständen vor. Der Sachverhalt ist also steuerbar, da er § 1 Abs. 1 Nr. 1 UStG gleich gestellt wird.

2.3 Steuerbefreiungen

2.3.1 Die Steuerfreiheit nach §§ 4, 4b und 5 UStG

▆▆ Fall 132

X wundert sich. Nach dem bisher Gelernten müsste ein Vermieter von Privatwohnungen eigentlich auch steuerbare Umsätze tätigen. Tatsächlich hat X aber noch nicht gesehen, dass auf die Miete USt erhoben wird. Woran liegt das?

Steuerbare Umsätze können **steuerpflichtig** oder **steuerfrei** (im Sinne von steuerbefreit) sein. Steuerfrei sind Umsätze nach § 4, § 4b oder § 5 UStG. Diese Befreiungen dienen insbesondere der Durchsetzung des Bestimmungslandprinzips (bei Exporten; hierzu Lektion 14), der Vermeidung von Doppelbesteuerungen (z.B. mit Grunderwerb- oder Versicherungsteuer) oder haben soziale und kulturelle Gründe (z.B. Arzt- oder Wohnleistungen). Merken sollten Sie sich insbesondere

▶ Umsätze im Geld- und Kapitalverkehr (§ 4 Nr. 8 UStG),
▶ Umsätze, die unter das Grunderwerbsteuer- oder das Versicherungsteuergesetz fallen (§ 4 Nr. 9 bzw. 10 UStG),
▶ Bestimmte Vermietungs- und Verpachtungsumsätze (§ 4 Nr. 12 a) UStG),
▶ Umsätze aus heilberuflichen Tätigkeiten (§ 4 Nr. 14 UStG).

Daneben enthält § 4 UStG in einer kasuistischen Aufzählung zahlreiche weitere steuerfreie Umsätze (bitte durchblättern). Die §§ 4b und 5 UStG nennen weitere Steuerbefreiungen, die internationale Transaktionen betreffen.

> Beachten Sie, dass immer zunächst die Steuerbarkeit nach § 1 Abs. 1 UStG und erst danach die Steuerfreiheit nach §§ 4, 4b, 5 UStG zu prüfen ist. Umsätze, die steuerbar, aber nicht steuerbefreit sind, sind steuerpflichtig.

Im Fall 132 wird also tatsächlich keine USt erhoben, weil die Umsätze zwar steuerbar nach § 1 Abs. 1 Nr. 1, jedoch steuerfrei nach § 4 Nr. 12 a) UStG sind.

Fall 133

X macht Urlaub im Oderbruch. Als ihm der Hotelbetreiber zum Abschluss die Rechnung präsentiert, verschlägt es dem X die Sprache. Er hat ihm dennoch USt in Rechnung gestellt. Regt sich X zu Recht auf?

Nein. Er hätte besser den § 4 Nr. 12 S. 2 UStG lesen sollen. Die kurzfristige Beherbergung in einem Hotel fällt nicht unter die Befreiung. X muss also tatsächlich USt bezahlen.

2.3.2 Die Kleinunternehmeroption nach § 19 UStG

Weiterführung von Fall 127. Nachdem X nun § 1 Abs. 1 Nr. 1 UStG geprüft und festgestellt hat, dass er tatsächlich steuerbare Leistungen ausführt, die zudem nicht steuerfrei nach §§ 4, 4b oder 5 UStG sind, kommen ihm Beklemmungen. Muss er auf diese lächerlichen Umsätze wirklich USt erheben? Und wie sollte er das seinem Nachbarn erklären?

Nein. Es gibt einen Ausweg. Aus Vereinfachungsgründen verzichtet der Gesetzgeber durch § 19 Abs. 1 UStG bei Kleinunternehmern auf die Besteuerung. Kleinunternehmer sind solche, bei denen die Umsätze im vergangenen Kalenderjahr nicht höher als 17.500 € waren und zugleich im laufenden Kalenderjahr voraussichtlich 50.000 € nicht übersteigen werden. Da bei der Berechnung gemäß § 19 Abs. 1 S. 1 UStG vom Bruttoumsatz (!) auszugehen ist, ermäßigen sich die Grenzen für die Nettoumsätze.

Immer noch Fall 127: Eigentlich findet X das schade. Gerade wollte er seinem Nachbarn erklären, dass sie „echte" Unternehmer sind, und nun das. Kann X dennoch sein Geltungsbedürfnis ausleben?

Er kann. § 19 Abs. 2 UStG gestattet den Kleinunternehmern nämlich, auf die Steuerbefreiung zu verzichten (Kleinunternehmeroption). Wenn sie erklären, zur Steuerpflicht zu optieren, sind sie an diese Erklärung fünf Jahre gebunden. Übrigens dient die Kleinunternehmeroption weniger dem Geltungsbedürfnis der Steuerpflichtigen, sondern hat den Charme, dass der Unternehmer dann aufgrund der eigenen steuerpflichtigen Umsätze auch die VorSt geltend machen kann. Hierzu aber später.

▮▮▮ Fall 134

X betreibt das Berliner Spezialitätenrestaurant „Curry-Imbiss". Seine Umsätze betrugen im vergangenen Jahr 14.300 € (ohne USt). Im laufenden Jahr rechnet er mit einer Steigerung auf 47.000 €. Muss er auf seine Umsätze USt erheben?

Ja, das muss er, da seine Umsätze brutto die 50.000 € voraussichtlich überschreiten. Die Nettogrenzen betragen bei einem Steuersatz von 19 % 14.705 € bzw. 42.016 €; auch wenn Sie Anhänger des Grundsatzes Judex non calculat sind: Dreisatz anwenden!

3 Bemessungsgrundlage und Steuersatz

Sind Umsätze nach § 1 Abs. 1 Nr. 1 UStG steuerbar und nicht nach §§ 4, 4b oder 5 steuerbefreit und greift auch nicht die Kleinunternehmerregelung des § 19 UStG, so sind sie steuerpflichtig. Die Bemessungsgrundlage ergibt sich aus § 10 UStG. Dies ist, wie Sie bereits wissen, für Umsätze i. S. d. § 1 Abs. 1 Nr. 1 UStG das Entgelt (ohne Umsatzsteuer).

Bei den Wertabgaben, die gemäß § 3 Abs. 1b und 9a UStG den Leistungen nach § 1 Abs. 1 Nr. 1 UStG gleichgestellt sind (insbesondere Eigenverbrauch), fehlt es an einem Entgelt. Daher benennt § 10 Abs. 4 UStG für unentgeltliche Lieferungen als Bemessungsgrundlage die entstandenen Kosten (Einkaufspreis oder Selbstkosten). Werden an Gesellschafter, nahe stehende Personen oder Arbeitnehmer Leistungen zu besonders geringen Entgelten (oder ohne Entgelt) abgegeben, so bildet gemäß § 10 Abs. 5 UStG die Untergrenze der Bemessungsgrundlage § 10 Abs. 4 UStG.

▰ Fall 135

Die PC-Handels GmbH kauft Computer für 1.500 € (Anschaffungskosten) und verkauft diese für 1.700 € (plus USt) weiter. Gesellschafter X erhält ein Gerät zum Sonderpreis von 1.300 € netto, um damit seinen Sohn zu beglücken.

Mindestbemessungsgrundlage ist hier der Einkaufspreis (plus Nebenkosten), also 1.500 €. Somit sollen schuld- und gesellschaftsrechtliche Beziehungen umsatzsteuerlich getrennt werden.

▰ Fall 136

Die PC-Handels GmbH verkauft Computer an einen Kunden in FF. Die Lieferung erfolgt im September, die Zahlung hingegen – wie vereinbart – im Januar des Folgejahres. In welchem Jahr muss die GmbH die USt an das Finanzamt abführen?

Gemäß § 13 Abs. 1 Nr. 1 a) UStG entsteht die Steuer grundsätzlich mit Ablauf des Voranmeldungszeitraums, in dem die Lieferung oder sonstige Leistung ausgeführt wurde. Dies ist der September. § 16 Abs. 1 UStG spricht hier von der Besteuerung nach vereinbarten Entgelten (Soll-Besteuerung). Dies kann dazu führen, dass der Unternehmer ein Liquiditätsproblem hat, da er zunächst die USt abführen muss und sie erst später über den Kaufpreis vom Kunden erhält. Unternehmer mit Umsätzen bis zu 250.000 € (bis Ende 2009 in den Neuen Ländern 500.000 €), Freiberufler und solche, die nach § 148 AO keine Bücher führen müssen, können auf Antrag die Besteuerung nach vereinnahmten Entgelten wählen (§ 20 UStG lesen). In diesem Fall müsste die PC-Handels GmbH die USt gemäß § 13 Abs. 1 Nr. 1 b) UStG erst mit Ablauf des Januar abführen.

Der Steuersatz beträgt regelmäßig 19 % (§ 12 Abs. 1 UStG). Bei den in § 12 Abs. 2 genannten Umsätzen (z.B. die meisten Nahrungsmittel, Bücher) ermäßigt er sich auf 7 %.

Weiterführung von Fall 134: Nach dem nun Gelernten ist sich X unsicher, ob er bei Verkauf seiner Spezialitäten den Normalsteuersatz oder den ermäßigten Steuersatz anwenden soll. Was meinen Sie?

Es kommt, wie so oft im Leben, auf den Einzelfall an. Das Leistungsbündel, das er erbringt, setzt sich aus Lieferungen von Lebensmitteln und sonstigen Leistungen (Kochen, Servieren, Zur-Verfügung-Stellen von Räumlichkeiten etc.) zusammen. Im Umsatzsteuerrecht gelten die Grundsätze, dass für umsatzsteuerliche Zwecke eine Leistung nicht künstlich in mehrere Leistungen aufgespalten werden darf und dass die Neben-leistung das Schicksal der Hauptleistung teilt (vgl. A 29 UStR). Damit stellt sich die Frage, welche Leistung im Vordergrund steht. BFH und Finanzverwaltung nehmen eine sonstige Leistung an, wenn die Speisen und Getränke nach den Umständen der Abgabe zum dortigen Verzehr bestimmt sind und entsprechende Vorrichtungen (z.B. sind Tische recht praktisch) bereitgehalten werden (vgl. A 25a UStR); die Dienstleistung steht also im Vordergrund. Werden die Lebensmittel hingegen außer Haus verkauft, liegt eine (mit 7 % besteuerte) Lieferung vor.

Ist Ihnen schon einmal aufgefallen, dass die junge Dame an der Kasse ihres Stammrestaurants Sie fragt, ob Sie den Hamburger dort essen oder mitnehmen? Bedenken Sie, dass in einem Fall 19 % USt anfallen und im anderen 7 %; der Bruttopreis ist aber gleich. Wann verdient der Buletten-verkäufer also mehr an Ihnen?

4 Der Vorsteuerabzug nach § 15 UStG

4.1 Abzug bei eigenen steuerpflichtigen Umsätzen

■■■ Fall 137

Das mit der Allphasen-Netto-USt hat Bauunternehmer X nun verstanden. Er will alle Vorsteuern geltend machen, die sein Unternehmen gezahlt hat. Allerdings findet er nicht alle Belege. Da er jedoch einige Betriebs-ausgaben auch ohne Belege glaubhaft machen kann, ist er frohen Mutes. Zu Recht?

Gemäß § 15 Abs. 1 UStG kann der Unternehmer von seiner Umsatzsteu-erschuld die gesondert ausgewiesene Vorsteuer, d.h. die USt, die ihm in Rechnung gestellt wurde, abziehen. Dafür müssen aber die folgenden Tatbestandsmerkmale kumulativ gegeben sein:

Eine Rechnung i. S. v. §§ 14, 14a UStG liegt vor, der Leistende ist Unternehmer, der Leistungsempfänger (X) ist Unternehmer (egal ob inländischer oder ausländischer!) und empfängt eine Leistung für sein Unternehmen, außerdem darf kein Ausschluss vom VorSt-Abzug nach § 15 Abs. 1a oder 2 UStG existieren.

Sofern X also Rechnungen vorweisen kann, die den Formanforderungen der §§ 14, 14a UStG entsprechen, und die anderen Tatbestandsmerkmale erfüllt sind, ist der VorSt-Abzug unproblematisch. Die Glaubhaftmachung allein reicht jedoch nicht. Lesen Sie interessehalber die in § 33 UStDV stehende Vereinfachungsregelung.

▬▬ Fall 138

X kann sein Glück nicht fassen. Jetzt setzt er alle VorSt ab, die er in seiner Buchhaltung finden kann. Hierzu gehören auch Vorsteuern für einen Sanitärreiniger (zur Reinigung des Kunden-WC), für bedruckte Luftballons (vom Tag der offenen Tür) und für Motoröl (für ein Baustellenfahrzeug). X hat dabei irgendwie ein schlechtes Gewissen; zu Recht? Nein. Er sollte lediglich ein schlechtes Gewissen haben, weil er das Allphasen-Netto-USt-System noch nicht richtig inhaliert hat. Wenn die erhaltenen Leistungen in einem (direkten oder indirekten) Zusammenhang mit seinen steuerpflichtigen Umsätzen stehen – und das tun sie –, so kann er auch die VorSt geltend machen.

▬▬ Fall 139

X hat außerdem für eine Maschine, die er erworben hat und die im nächsten Quartal geliefert wird, eine Anzahlung geleistet. Wann kann X die VorSt geltend machen?

Gemäß § 15 Abs. 1 Nr. 1 S. 1 UStG ist die VorSt erst abzugsfähig, wenn die Leistung erbracht wurde und die Rechnung vorliegt. Allerdings macht § 15 Abs. 1 Nr. 1 S. 3 UStG für Anzahlungen explizit eine Ausnahme. Der Verkäufer weist – wie Sie bereits wussten – mit der Rechnung für die Anzahlung die darauf entfallende USt aus und X zieht sie sich ab. Der Rest wird nach Lieferung und Rechnungsstellung geltend gemacht.

4.2 Ausschluss bei eigenen steuerfreien Umsätzen

▬▬ Fall 140

X setzt also fleißig die VorSt aus Fall 138 ab. Und nicht nur diese. Da er ein Mietshaus geerbt hat, will er auch die diesbezügliche VorSt geltend machen. Darf er?

Grundsätzlich führt X steuerbare Leistungen im Sinne von § 1 Abs. 1 Nr. 1 UStG aus (auch Vermieter sind Unternehmer nach § 2 Abs. 1 UStG!). Allerdings sind die Mietumsätze nach § 4 Nr. 12 a) UStG steuerbefreit.

Hat ein Unternehmer aber selbst steuerfreie Umsätze ausgeführt, so kann er sich gemäß § 15 Abs. 2 UStG die darauf entfallende Vorsteuer nicht abziehen. X kann also die VorSt auf Vermietungsaufwendungen nicht geltend machen.

> Wer selbst steuerpflichtige Umsätze ausführt, erhält auch den VorSt-Abzug; wer steuerfreie Umsätze ausführt, i.d.R. nicht.

Fall 141

Auch das hat X begriffen. Nun taucht für ihn aber ein praktisches Problem auf. In seinem Schuhkarton befinden sich zahlreiche Rechnungen für das Bauunternehmen und das Mietshaus. Wie soll er die einzelnen VorSt-Beträge den steuerpflichtigen und den steuerbefreiten Umsätzen zuordnen?

Sofern eine objektive Zuordnung möglich ist, muss X diese vornehmen. Wenn die erhaltene Leistung aber gemischt genutzt wird, besagt § 15 Abs. 4 UStG, dass diese den jeweiligen Umsätzen „wirtschaftlich zuzurechnen" ist. Dies kann im Wege einer Schätzung erfolgen.

Fall 142

X rechnet nach. Sein Mietshaus hat Umsätze i.H.v. 150.000 € erbracht. Davon waren 40.000 € von Privatmietern, 50.000 € von einem Unternehmensberater und 60.000 € von einer Zahnarztpraxis. Die VorSt, die er nicht geltend machen konnte (19 % seiner Nettoausgaben), betrugen 19.000 €. Wie hoch war sein Erfolg?

Den Umsätzen (150.000 €) standen Nettoausgaben i.H.v. 100.000 € sowie die 19.000 € gegenüber. Sein Erfolg betrug also 31.000 €.

Fall 143

Wie Fall 142. Was würde sich ändern, wenn er USt ausweisen dürfte, die Mieter aber nicht zusätzlich wirtschaftlich belasten kann?

Wenn er den Privatmietern oder dem Zahnarzt (§ 4 Nr. 14 UStG lesen!) USt in Rechnung stellen könnte, wären diese zusätzlich belastet worden. Anders aber der Unternehmensberater. Er dürfte als einziger die VorSt geltend machen, da er selbst steuerpflichtige Umsätze tätigt. Ihm kann es also egal sein, ob X ihm die Miete netto oder brutto in Rechnung stellt. X könnte dann seine VorSt für diese Mieteinheit absetzen und daher seine

Ausgaben mindern.

▬▬ Fall 144

Ein Steuerberater gibt X zwei Tipps. Erstens soll er § 9 Abs. 1 und 2 UStG lesen und zweitens solle er daran denken, dass der Consultant 40 % der Gesamtwohnfläche gemietet hat. Können Sie mit den Tipps etwas anfangen?

Wie Fall 143 gezeigt hat, kann es für X günstiger sein, wenn die Steuerbefreiung nicht greifen würde. Deshalb ist in § 9 Abs. 1 UStG ein Optionsrecht kodifiziert. X verzichtet hinsichtlich der Vermietung an den Unternehmensberater (und nur für ihn greift § 9!) auf die Steuerbefreiung, mit der Folge, dass X nunmehr die anteilige VorSt geltend machen kann. Der Anteil der Wohnfläche ist ein plausibler Aufteilungsschlüssel. Daher erhebt X auf 50.000 € USt und zieht 7.600 € VorSt ab. Sein Erfolg steigt damit auf (150.000 – 100.000 – 11.400=) 38.600 €; also genau um die 7.600 € nun abziehbare VorSt.

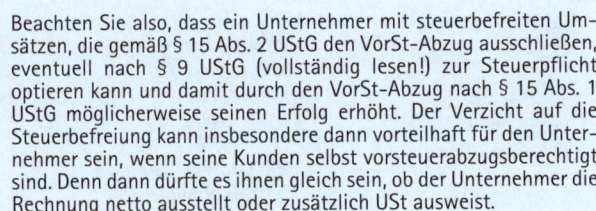

> Beachten Sie also, dass ein Unternehmer mit steuerbefreiten Umsätzen, die gemäß § 15 Abs. 2 UStG den VorSt-Abzug ausschließen, eventuell nach § 9 UStG (vollständig lesen!) zur Steuerpflicht optieren kann und damit durch den VorSt-Abzug nach § 15 Abs. 1 UStG möglicherweise seinen Erfolg erhöht. Der Verzicht auf die Steuerbefreiung kann insbesondere dann vorteilhaft für den Unternehmer sein, wenn seine Kunden selbst vorsteuerabzugsberechtigt sind. Denn dann dürfte es ihnen gleich sein, ob der Unternehmer die Rechnung netto ausstellt oder zusätzlich USt ausweist.

Wenn Sie das verstanden haben, ist ihnen auch der Sinn der bereits erwähnten Kleinunternehmeroption nach § 19 Abs. 2 UStG klar. Auch hier ist es möglich, dass der Unternehmer auf die Steuerfreiheit verzichtet, damit vorsteuerabzugsberechtigt wird und somit seinen Gewinn erhöht.

Abschließend zum Ausschluss vom VorSt-Abzug sollten Sie § 15 Abs. 1a UStG zur Kenntnis nehmen. Durch diese Vorschrift soll der VorSt-Abzug auf Aufwendungen, die die private Lebensführung berühren könnten, verhindert werden. In Lektion 14 werden Sie übrigens Fälle des § 15 Abs. 3 UStG kennen lernen, bei denen aus systematischen Gründen trotz eigener steuerfreier Umsätze der VorSt-Abzug gestattet ist.

Übersicht 17 soll die Abhängigkeit des VorSt-Abzugs von den eigenen Umsätzen zusammenfassend darstellen. Auf der linken Seite sind die Fälle aufgeführt, die einen VorSt-Abzug zur Folge haben. Rechts finden Sie die Fälle, in denen der VorSt-Abzug verboten ist.

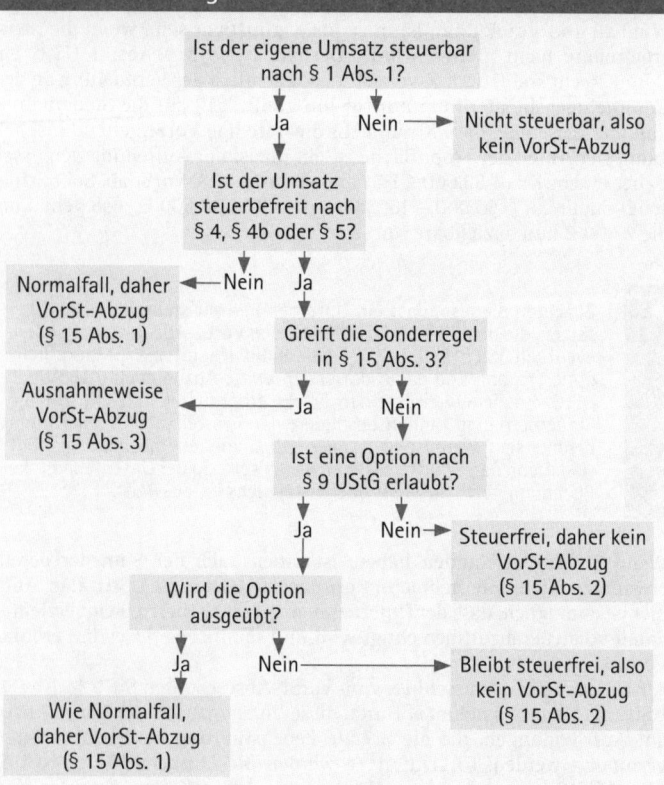

Übersicht 17: Abhängigkeit des VorSt-Abzugs von den eigenen Umsätzen

Leitsatz 21

!

Die Allphasen-Netto-USt mit VorSt-Abzug

Die deutsche USt ist als Allphasen-Netto-USt mit VorSt-Abzug konzipiert. § 1 Abs. 1 UStG regelt abschließend, welche Umsätze steuerbar sind (Steuergegenstand). Insbesondere unterliegen der USt gemäß Nr. 1 die Lieferungen und sonstigen Leistungen, die ein Unternehmer im Inland gegen Entgelt im Rahmen seines Unternehmens ausführt. Dem ist die unentgeltliche Wertabgabe nach § 3 Abs. 1b und Abs. 9a UStG gleichgestellt.
Steuerbare Umsätze können steuerpflichtig oder steuerfrei sein. Sind Umsätze nach § 1 Abs. 1 Nr. 1 UStG steuerbar und nicht nach §§ 4, 4b oder 5 steuerbefreit und greift auch nicht die Kleinunternehmerregelung des § 19 UStG, so sind sie steuerpflichtig. Die USt beträgt i. d. R. 19 % und ermäßigt 7 %.

5 Ermittlung der USt-Schuld

Haben Sie sich bei der Lösung zu Fall 136 eigentlich gefragt, was ein Voranmeldungszeitraum ist? Der Unternehmer muss gemäß § 18 Abs. 1 UStG eine so genannte USt-Voranmeldung, abgeben, in der er seine erhaltene USt und die VorSt ausweist sowie die Differenz berechnet. Diese Differenz stellt seine USt-Vorauszahlung oder USt-Erstattung für den Voranmeldungszeitraum dar. Der Zeitraum, für den er diese Voranmeldung erstellen muß, ist grundsätzlich das Kalendervierteljahr (§ 18 Abs. 2 UStG lesen!).

Mit Ablauf des Kalenderjahres hat er dann gemäß § 18 Abs. 3 UStG eine USt-Erklärung abzugeben, die praktisch eine Zusammenfassung der USt-Voranmeldungen des laufenden Jahres darstellt. Lediglich wenn das Finanzamt zu Abweichungen gegenüber der USt-Erklärung des Unternehmers kommt, ergeht ein USt-Bescheid. Ansonsten wird die vom Unternehmer selbst berechnete Restschuld oder Erstattung fällig.

Lektion 14: Umsatzsteuer bei internationalen Leistungsbeziehungen

Besondere Probleme kann die USt bei grenzüberschreitenden Leistungen aufwerfen. Insbesondere ist zu prüfen, welcher Staat USt erheben darf und in welchem Staat der Steuerpflichtige gegebenenfalls seine VorSt geltend machen kann. Bei solchen grenzüberschreitenden Leistungen kommt es zunächst darauf an, ob die Leistung zwischen Deutschland und einem anderen EU-Staat oder zwischen Deutschland und dem so genannten Drittlandsgebiet (Staaten, die nicht der EU angehören) erbracht wurde.

1 Leistungen zwischen Deutschland und Drittstaaten

▮▮▮ Fall 145

X ist passionierter Reiter. Da in Trakehnen (Russland) hervorragende Pferde gezüchtet werden, kauft er im April 2007 von einem dortigen Händler ein Pferd für 2.500 € und bringt es selbst nach Deutschland. Muss er in Deutschland USt zahlen?

Sie sollten – wie fast immer – mit der Prüfung bei § 1 Abs. 1 UStG beginnen. Der Tatbestand des § 1 Abs. 1 Nr. 1 UStG ist nicht erfüllt, da X nicht als Unternehmer im Rahmen seines Unternehmens gehandelt hat. Es liegt eine Einfuhr von „Gegenständen", zu denen juristisch auch Pferde gehören (vgl. § 90a BGB oder A 24 Abs. 1 UStR), im Inland vor. Man spricht deshalb auch von einer Einfuhr-USt (Nicht mit Zoll verwechseln, der fällt außerdem an!). Dafür erhebt Russland keine USt, weil es dort eine steuerfreie Ausfuhrlieferung ist. Somit wird die USt in dem Staat erhoben, in dem der „Gegenstand" ge- bzw. verbraucht wird (Bestimmungslandprinzip). Und das ist hier Deutschland.

> § 1 Abs. 1 Nr. 4 USt erfordert nicht, dass die Einfuhr durch einen Unternehmer erfolgen muss. Er greift auch beim Import durch Privatpersonen.

Übrigens könnte X die Einfuhr-USt auch als VorSt geltend machen, wenn sie im Rahmen seines Unternehmens anfallen würde und er sie entrichtet hat (§ 15 Abs. 1 Nr. 2 UStG).

▰▰ Fall 146

X handelt mit Reiterbedarf. Er verkauft Sättel an den russischen Händler. Dieser holt die Sättel selbst in FF ab und bringt sie nach Russland, zum dortigen Weiterverkauf. Ist der Umsatz des X in Deutschland steuerpflichtig?

Sie prüfen wieder zunächst § 1 Abs. 1 UStG. Jetzt greift Nr. 1. Die Lieferung ist damit in Deutschland steuerbar. Die Lieferung ist nach § 4 Nr. 1 a) UStG steuerbefreit, da es sich um eine Ausfuhrlieferung im Sinne von § 6 UStG handelt. Das Bestimmungslandprinzip greift also in beide Richtungen. Folgerichtig erhebt Russland nun auf die Einfuhr der Sättel russische Einfuhr-USt. Bitte § 6 UStG vollständig lesen und auch § 4 Nr. 1 bis 7 sowie § 7 UStG zur Kenntnis nehmen.

> Nochmals: Immer zunächst § 1 Abs. 1 UStG (Steuerbarkeit) und erst danach § 4 UStG (Steuerbefreiung) prüfen.

▰▰ Fall 147

Wie Fall 146. „Na toll", mosert X, „und jetzt bleibe ich auf der VorSt für die Sättel sitzen, weil die Lieferung steuerfrei ist." Hat er Grund sich zu grämen?

Eigentlich schon. Nach § 15 Abs. 2 UStG wird – wie Sie aus Lektion 13 wissen – bei eigenen steuerbefreiten Leistungen der VorSt-Abzug versagt. Dies würde aber den internationalen Leistungsverkehr diskriminieren. Ausnahmsweise tritt deshalb gemäß § 15 Abs. 3 UStG der Ausschluss vom Vorsteuerabzug nicht ein. Für bestimmte steuerfreie Umsätze – und hierzu gehört gemäß § 15 Abs. 3 Nr. 1 a) UStG auch die Ausfuhr – ist der Vorsteuerabzug also doch möglich. Da dies in Übersicht 17 steht, wussten Sie es bereits!?

▰▰ Fall 148

Als X in Russland das Pferd abholt, geht er in Kaliningrad (Königsberg) auch noch zum Friseur. Er erklärt diesem, dass er die russische USt nicht zu zahlen gedenke, weil es sich um eine steuerfreie Ausfuhrlieferung handelt. Der Friseur sieht das anders; und Sie?

§ 1 Abs. 1 Nr. 4 UStG sowie § 4 Nr. 1 a) i. V. m. § 6 UStG sprechen von der Einfuhr und Ausfuhr von Gegenständen, nicht aber von Dienstleistungen. Nach dem Verständnis des deutschen UStG können sonstige Leistungen nicht im- oder exportiert werden. Der Haarschnitt wird in Russland erbracht und daher hat X auch nur dort USt zu zahlen.

§ 5 UStG enthält Steuerbefreiungen bei der Einfuhr. Um den Grenzverkehr nicht unnötig zu erschweren, nennt außerdem die Einfuhr-USt-Befreiungsverordnung weitere Ausnahmen von der Einfuhr-USt-Pflicht.

Leitsatz 22

!

Leistungen zwischen Deutschland und dem Drittlandsgebiet

Nach dem Verständnis des UStG können nur Gegenstände, aber nicht Dienstleistungen im- und exportiert werden.
Für Lieferungen zwischen Deutschland und dem Drittlandsgebiet gilt das Bestimmungslandprinzip. Ausfuhrlieferungen sind nach § 1 Abs. 1 Nr. 1 UStG steuerbar, aber nach § 4 Nr. 1 a) i. V. m. § 6 UStG steuerfrei. Trotzdem darf gemäß § 15 Abs. 3 UStG die VorSt geltend gemacht werden. Auf Einfuhren wird gemäß § 1 Abs. 1 Nr. 4 UStG Einfuhr-USt erhoben. Diese darf gemäß § 15 Abs. 1 Nr. 2 UStG nach Entrichtung als VorSt abgezogen werden.

2 Besonderheiten aufgrund des EU-Binnenmarktgesetzes

Das Bestimmungslandprinzip führt zu einer Be- bzw. Entlastung bei grenzüberschreitenden Lieferungen. Wenn aber – wie in der EU, dem so genannten Gemeinschaftsgebiet – Grenzen nicht mehr physisch existent sind, ist seine Umsetzung schwierig. Man könnte es dann durch das Ursprungslandprinzip ersetzen. Dabei würde die USt dort erhoben werden, wo die Leistung erbracht wird. Zum Verständnis: Überlegen Sie, ob innerhalb Deutschlands das Bestimmungsland- oder das Ursprungslandprinzip gilt!

Die Einführung des EU-Binnenmarktes zum 1.1.1993 hatte umfangreiche Konsequenzen für die USt bei innergemeinschaftlichen Lieferungen. Die umsatzsteuerliche Behandlung ist allerdings im Vergleich zur Behandlung von Importen aus und Exporten in Drittstaaten nicht vereinfacht, sondern für eine Übergangszeit ganz erheblich verkompliziert worden! Wie die EU-Regelungen später aussehen werden, ist heute noch nicht genau vorhersehbar. Daher beschränken sich die folgenden Ausführungen auf die Grundsätze, sofern sie erkennbar sind. Spezialfragen, wie etwa die Behandlung von Fahrzeuglieferungen, werden ausgeklammert.

Der zur Zeit geltende EU-Kompromiss sieht vor, dass Lieferungen zwischen Unternehmen i.d.R. dem Bestimmungslandprinzip (BP) unterliegen sollen, alle anderen jedoch dem Ursprungslandprinzip (UP). Im Folgenden sollen lediglich die drei in **Übersicht 18** benannten einfachen Grundfälle behandelt werden.

Übersicht 18: Grenzüberschreitende Lieferungen innerhalb der EU

	Deutscher Käufer ist		
	Nichtunternehmer	Halbunternehmer	Vollunternehmer
Verkäufer im EU-Ausland ist Vollunternehmer	UP Fall 150 Grds. nicht steuerbar, aber § 3c beachten.	UP/BP Fall 152 Grds. nicht steuerbar, aber § 1a Abs. 3 und 4 und § 3c beachten.	BP Fall 153 Innergemeinschaftlicher Erwerb; §§ 1 Abs. 1 Nr. 5, 1a, 3d.

Fall 149

X aus FF macht Urlaub in Salzburg. In einem großen Sporthaus kauft er sich ein Paar Carvingski für 350 € netto. In welchem Staat wird der Umsatz besteuert?

Dieser Fall gehört zu den einfachen im Rahmen des EU-Rechts. Hier handelt es sich um die ruhende Lieferung eines Vollunternehmers an einen Nichtunternehmer. X hat, nicht anders als hätte ein Österreicher die Bretter erstanden, österreichische USt zu zahlen. In Deutschland ist der Umsatz nicht steuerbar.

Fall 150

Was würde sich ändern, wenn der Verkäufer die Carvingski nach FF liefern würde?

Dann läge eine Beförderungs- oder Versendungslieferung vor und es gilt

wegen § 3c Abs. 1 i. V. m. Abs. 2 UStG ebenfalls das Ursprungslandprinzip. Überschreitet der Lieferer aber die so genannte Lieferschwelle von
100.000 e (Gesamtvolumen in einem Kalenderjahr) nach § 3c Abs. 3
UStG, wird der Ort der Lieferung durch § 3c Abs. 1 UStG in das Bestim-
mungsland verlegt (!) und es ergibt sich ein „normaler" Umsatz nach § 1
Abs. 1 Nr. 1 UStG; es greift dann das Bestimmungslandprinzip. Ergänzend sei auf das Optionsrecht nach § 3c Abs. 4 UStG hingewiesen.

▰▰ Fall 151

X betreibt in FF ein kleines Sportgeschäft (Kleinunternehmer nach § 19
Abs. 1 UStG). Anlässlich einer Reise nach Salzburg kauft er in dem dor-
tigen großen Sporthaus ein Paar Carvingski für 350 € netto als Testski.
In welchem Staat wird der Umsatz besteuert?

X ist Halbunternehmer. Hierzu zählen steuerbefreite Unternehmer,
Kleinunternehmer, Land- und Forstwirte sowie nicht steuerpflichtige
juristische Personen (§ 1a Abs. 3 Nr. 1 UStG). Grundsätzlich gilt auch für
diese das Ursprungslandprinzip (§ 1a Abs. 3 UStG). Überschreiten aber
die innergemeinschaftlichen Erwerbe des X (§ 1a Abs. 1 und 2 UStG) die
so genannte Erwerbsschwelle von 12.500 € pro Kalenderjahr, gilt – wie
bei Vollunternehmern – das Bestimmungslandprinzip. Wenn X unter der
Erwerbsschwelle bleibt und lieber in Deutschland als in Österreich USt
zahlen will, kann er auch nach § 1a Abs. 4 UStG zum Bestimmungslandprinzip optieren. Sofern keine Abhollieferung, sondern eine Beför-
derungs- oder Versendungslieferung vorliegen würde, gilt – wie bei den
Nichtunternehmern – § 3c UStG.

▰▰ Fall 152

X betreibt in FF ein großes Sportgeschäft mit entsprechend hohen Umsät-
zen. Anlässlich einer Reise nach Salzburg kauft er in dem dortigen großen
Sporthaus ein Paar Carvingski für 350 € netto als Testski. In welchem
Staat wird der Umsatz besteuert?

X ist Vollunternehmer. Nun gilt wirklich das Bestimmungslandprinzip.
Wie bei Einfuhren im Inland nach § 1 Abs. 1 Nr. 4 UStG ist nach Nr. 5
der innergemeinschaftliche Erwerb steuerbar und, sofern die Steuerbefreiung nach § 4b UStG nicht greift, auch steuerpflichtig. Voraussetzung
ist, dass die Tatbestandsmerkmale des § 1a Abs. 1 UStG erfüllt sind.
Dabei wird der Ort des innergemeinschaftlichen Erwerbs durch § 3d UStG
definiert. Beachten Sie auch hier, dass – um dem Bestimmungsland-

prinzip Geltung zu verschaffen, anders als nach § 3 Abs. 6 UStG – der innergemeinschaftliche Erwerb gemäß § 3d Abs. 1 S. 1 UStG an dem Ort bewirkt wird, an dem sich der Gegenstand am Ende (!) der Beförderung oder Versendung befindet. Die USt kann X gemäß § 15 Abs. 1 Nr. 3 UStG als VorSt geltend machen. Im Gegensatz zur Einfuhrumsatzsteuer ist hier nicht Voraussetzung, dass die Steuer bereits entrichtet ist.

Für den Verkäufer liegt entsprechend eine steuerfreie innergemeinschaftliche Lieferung vor. Würde etwa ein deutsches Unternehmen an ein österreichisches liefern, ergäbe sich die Steuerfreiheit aus § 4 Nr. 1b) i.V.m. § 6a UStG.

Leitsatz 23

Lieferungen zwischen Deutschland und anderen EU-Staaten

Die Leitsätze in diesem Buch sind die Extrakte der Lektionen. Sie sollen Ihnen die systematischen Zusammenhänge nochmals zusammenfassen. Da ein solches System bei den Regelungen zu den Lieferungen zwischen Deutschland und anderen EU-Staaten nicht wirklich erkennbar ist, sei hier auf einen Leitsatz verzichtet. Lernen Sie lieber die **Übersicht 18** auswendig.

Ein letzter Tipp: Wenn Sie Ihren Lernerfolg deutlich steigern wollen, sollten Sie das Buch nochmals durchlesen. Sie werden eine Reihe von (überlesenen) Informationen erhalten und manche Missverständnisse ausräumen!

(Sollten Sie unbedingt lesen!)

A	Abschnitt	FGO	Finanzgerichts ordnung
a. F.	alte Fassung		
a. g.	außergewöhnliche	G	Gesetz
Abs.	Absatz	G (vorl)	Gewerbeertrag vor Abzug der GewSt.
AEB	Altersentlastungs- betrag	GdE	Gesamtbetrag der Einkünfte
AHB	Anrechnungs- höchstbetrag	GewSt	Gewerbesteuer
AO	Abgabenordnung	GG	Grundgesetz
AStG	Außensteuergesetz	ggf.	Gegebenenfalls
BewG	Bewertungsgesetz	GHV	Gesamthands- vermögen
BFH	Bundesfinanzhof		
BGB	Bürgerliches Gesetzbuch	grds.	grundsätzlich
		GrESt	Grunderwerbsteuer
BGL	Bemessungsgrund- lage	GrS	Großer Senat
		GrSt	Grundsteuer
BMF	Bundesministerium für Finanzen	GuV	Gewinn- und Verlust- rechnung
BStBl.	Bundessteuerblatt	H (in EStR)	Hinweis
BT-Drucks.	Bundestagsdruck- sache	H (Formel)	Hebesatz
		HEV	Halbeinkünfte- verfahren
BV	Betriebsvermögen		
BWL	Betriebswirtschafts- lehre	HGB	Handelsgesetzbuch
		HZB	Hinzurechnungs- betrag
d.h.	das heißt		
D	Deutschland	i. d. R.	in der Regel
DBA	Doppelbesteuerungs- abkommen	i. H. v.	in Höhe von
		i. V. m.	in Verbindung mit
DV	Durchführungs- verordnung	InvStG	Investmentsteuer- gesetz
EFG	Entscheidungen der Finanzgerichte	InvZulG	Investitions- zulagengesetz
EK	Eigenkapital	IZ	Investitionszulage
ErbStG	Erbschaft- und Schenkungsteuer- gesetz	KESt	Kapitalertragsteuer
		KSt	Körperschaftsteuer
		LaFo	Land- und Forstwirtschaft
ESt	Einkommensteuer		
EuGH	Europäischer Gerichtshof	LAG	Lebensabschnitts- gefährtin
FG	Finanzgericht	LSt	Lohnsteuer

MinÖlSt	Mineralölsteuer	StBerG	Steuerberatungsgesetz
MU	Mitunternehmer		
MUschaft	Mitunternehmerschaft	TEV	Teileinkünfteverfahren
Nrn.	Nummern	USt	Umsatzsteuer
OECD-MA	Musterabkommen	vE	verdeckte Einlage
PL	Polen	vGA	verdeckte Gewinnausschüttung
PV	Privatvermögen		
QSt	Quellensteuer	vgl.	vergleiche
R	Richtlinie/Revision	vs.	versus
RFH	Reichsfinanzhof	VVaG	Versicherungsverein auf Gegenseitigkeit
RS	Rechtssache		
RSt	Rückstellung	VZ	Veranlagungszeitraum
S(A)	ausländische Steuer		
S(ESt)	Einkommensteuer	WP	Wirtschaftsprüfer
S(I)	inländische Steuer	ZASt	Zinsabschlagsteuer
SBV	Sonderbetriebsvermögen	z. B.	zum Beispiel
		zvE	zu versteuerndes Einkommen
SLG	Sammlungen der Rechtsprechung des Gerichtshofes und des Gerichts erster Instanz der Europäischen Gemeinschaft		

Arbeitsrecht – *leicht gemacht*
Eine Darstellung mit praktischen Fällen verständlich - kurz -
praxisorintiert

von Dr. Peter-Helge Hauptmann, Richter am Amtsgericht
6., völlig neu bearbeitete Auflage

Arbeitsrecht ist das Gebiet, das den meisten Menschen im Alltag begegnet und immer wieder Verständnisprobleme schafft. Hier wird an Hand alltäglicher Beispiele die Materie – das Individual- ebensowie das kollektive Arbeitsrecht, aber auch das Arbeitsgerichtsverfahren – lebendig und verständlich dargestellt. Mit übersichtlichen Prüfschemata für die ordentliche und außerordentliche Kündigung.

16,5 x 11,5 cm
broschiert,
112 Seiten
2007

ISBN 978-3-
87440-218-7
9,95 €

HGB – *leicht gemacht*
Eine Einführung in das Handels, Gesellschafts- und Wertpapierrecht mit
praktischen Fällen und Hinweisen für Klausuraufbau und Studium für
Juristen, Betriebs- und Volkswirte und Studierende an Fachhochschulen und
Berufsakademien

von Dr. Heinz Nawratil, Notar   21., überarbeitete Auflage

Das Buch gibt einen Überblick über die Systematik und die Grundlagen dieses Rechtsgebietes. In seiner bewährt fallorientierten Darstellung erleichtert es nicht nur Studenten den Einstieg in die facettenreiche Materie. Nützlich ist die Lektüre auch für interessierte Laien und Unternehmer. Hier lernen Sie Sachverhalte begreifen, die unmittelbar mit Ihrem Berufsalltag zu tun haben: Handelsgeschäfte, Machtbefugnisse des Prokuristen, unterschiedliche Gesellschaftsformen - von der stillen bis zur Aktiengesellschaft - und Wertpapiere.

16,5 x 11,5 cm
broschiert
123 Seiten
2007

ISBN 978-3-
87440-215-6

9,95 €

Internet: www.kleist–verlag.de

IFRS – *leicht gemacht*
Eine Einführung in die International Financial Reporting Standards

Professor Dr. Stephan Kudert und Professor Dr. Peter Sorg
2. Auflage

Das Buch ist als erste Einführung für Studierende an Universitäten, Fachhochschulen und Berufsakademien konzipiert, aber ebenso für Praktiker geeignet, die sich künftig mit der Internationalisierung der Rechnungslegung auseinandersetzen müssen. Daher ist dieser Band eine unerlässliche Lernhilfe für die Rechnungswesen- und Steuerklausur der Wirtschafts- und Rechtswissenschaftler, aber ebenso Beistand im Berufsalltag. Durch seine Darstellungsweise ist er auch für Laien verständlich.

16,5 x 11,5 cm
broschiert
190 Seiten
2006

ISBN 978-3-87440-213-2

10,90 €

Abgabenordnung – *leicht gemacht*

von Rechtsanwältin und Fachanwältin für Steuerrecht Annette Warsönke

Die Abgabenordnung stellt die „Spielregeln" im Finanzverfahren auf und hat als „Grundgesetz des Steuerrechts" Einfluss auf alle Steuergesetze. Das Buch gibt in leicht verständlicher und bewährt fallorientierter Weise einen Überblick über die Systematik und Grundlagen dieses Rechtsgebietes. Neben einer ausführlichen Darstellung der Themenbereiche Steuerverwaltungsakte und Rechtsbehelfsverfahren behandelt das Buch weiterhin steuerliche Nebenleistungen, Verfahrensgrundsätze, Fristberechnung, Verjährung, Haftung, Außenprüfung, Steuerstrafrecht und Vollstreckung.

16,5 x 11,5 cm
broschiert
116 Seiten
2007

ISBN 978-3-87440-222-4

9,95 €

Internet: www.kleist-verlag.de